Luísa Giuliani Bernsts

CONTRAPÚBLICOS INTERPRETATIVOS:

Uma provocação feminista às respostas corretas em Direito

COLEÇÃO
HERMENÊUTICA, TEORIA DO
DIREITO E ARGUMENTAÇÃO

Coordenador: Lenio Luiz Streck

Luísa Giuliani Bernsts

CONTRAPÚBLICOS INTERPRETATIVOS:

Uma provocação feminista às respostas corretas em Direito

2022

EDITORA *Jus*PODIVM
www.editorajuspodivm.com.br

EDITORA *Jus*PODIVM
www.editorajuspodivm.com.br

Rua Canuto Saraiva, 131 – Mooca – CEP: 03113-010 – São Paulo – São Paulo
Tel: (11) 3582.5757
• Contato: https://www.editorajuspodivm.com.br/sac

Copyright: Edições *Jus*PODIVM

Diagramação: Isabella Giordano *(giordano.bella@gmail.com)*

Capa: Ana Caquetti

C764 Contrapúblicos Interpretativos: Uma Provocação Feminista Às Respostas Corretas em Direito / Luísa Giuliani Bernsts – São Paulo: Editora JusPodivm, 2022.

128 p. (Hermenêutica, Teoria do Direito e Argumentação / Coordenador: Lenio Streck)

Bibliografia
ISBN: 978-65-5680-752-2

1. Teoria do Direito. I. Bernsts, Luísa Giuliani. II. Título.

CDD 341.3

Para Mauro, Cristina e Ilca, pela afetuosa instrução acerca daquilo que me fez Luísa. Também para minha família DOMA. Estivemos juntos todas as vezes que precisei esquecer de mim para me construir pelo coletivo. Obrigada não só pelas noitadas e pelo afeto, mas por me mostrarem que devemos politizar todos os espaços para que as nossas vozes sejam ouvidas. Resistiremos.

"Mas ela ao mesmo tempo diz que tudo vai mudar
Pois ela vai ser o que quis, inventando um lugar
Onde a gente e a natureza feliz vivam sempre em comunhão
E a tigresa possa mais do que o leão"

Caetano Veloso

APRESENTAÇÃO

Conheci Luísa Giuliani Bernsts no final de 2016. Ela cursava o mestrado na UNISINOS, instituição em que eu havia, poucos anos antes, concluído o doutorado. Minha ligação com meu orientador, Lenio Luiz Streck, e com a própria universidade, que eu frequentara desde a graduação, propiciava que eu fosse um participante eventual das atividades do programa de pós-graduação, acompanhando aulas e seminários, sobretudo quando o tema era o pensamento de Ronald Dworkin, cuja obra ocupava e ainda ocupa boa parte das minhas pesquisas. E foi nessa condição, de um ex-aluno interessado em Dworkin, que a Professora Maria Eugenia Bunchaft me convidou a dividir a orientação da Luísa, que abordaria, segundo o e-mail que recupero agora, a *crítica hermenêutica do direito*.

Lembro-me de minhas conversas iniciais com Luísa. Ela estava muito envolvida com o trabalho de constitucionalistas ligados à Yale Law School, como Robert Post, Reva Siegel e Jack Balkin, seguramente por influência de sua orientadora, e com o feminismo de Nancy Fraser. Sua ideia era fazer uma abordagem crítica da decisão proferida no HC 124.306/RJ, na qual foi conferida, em caráter incidental, *interpretação conforme a Constituição* aos arts. 124 a 126 do Código Penal, que tipificam o crime de aborto, para excluir do seu âmbito de incidência a interrupção voluntária da gestação efetivada no primeiro trimestre. De algum modo, ela acreditava que Dworkin, com suas noções sobre *decisões por princípio* e *respostas corretas*, pudesse ajudá-la. Eu não estava muito seguro disso, mas arregaçamos as mangas e nos dispusemos a trabalhar.

O que se seguiu a este estranhamento inicial foi um período de quase dois anos de uma coorientação exigente e produtiva. Ao seu modo, Luísa foi estabelecendo conexões inusitadas e não triviais entre os temas que lhe inquietavam. Paulatinamente, o mosaico de assuntos e focos de interesse foi sendo composto até atingir uma forma integrada. Apenas no final ficou mais claro, para mim, qual era o verdadeiro propósito de Luísa: discutir a jurisdição constitucional como uma forma de tutela dos direitos de grupos minoritários ou vulneráveis, sem contudo assumir os riscos de uma politização pura e simples da justiça. Em palavras mais simples, ela queria defender o argumento de que direitos de minorias deveriam ser contemplados pelo

Poder Judiciário não porque alguma forma de *progressismo* fosse preferível ou moralmente superior ao conservadorismo político, mas porque esta seria a *resposta correta* a este tipo de problema jurídico.

A maneira eleita por Luísa para construir o seu argumento tem o mérito, até onde minha vista alcança, da originalidade. O ponto de partida é a exploração das premissas do chamado *Constitucionalismo Democrático*, movimento que discute a ligação entre validade jurídica e legitimidade política a partir do ancoramento de fundamentos jurídicos em valores e ideais populares, inclusive como modo de prestigiar atores não-judiciais (movimentos sociais, por exemplo) no processo de tomada de decisões judiciais, sobretudo quando no exercício da jurisdição constitucional. Num segundo momento, investiga-se a tensão entre a normatividade de princípios jurídicos e as práticas sociais que destes divergem no contexto de uma determinada comunidade política. Aqui, o ponto é o de que a contestação política tem um significado crucial para a construção do significado de um princípio constitucional. Finalmente, a este quadro referencial é incorporada a teoria social crítica de Nancy Fraser, muito especialmente a sua censura à concepção habermasiana de *esfera pública*. Segundo Fraser, em sociedades estratificadas, compostas por grupos sociais com poder desigual, há uma tendência à marginalização da contribuição de grupos vulneráveis, enfraquecendo o pressuposto de que a esfera pública permitiria que se colocassem em segundo plano as diferenças de status, de modo a viabilizar uma deliberação entre socialmente iguais. Esses grupos subordinados, portanto, uma vez que não possuem igual espaço de deliberação na esfera pública oficial, passam a ocupar arenas discursivas paralelas, nas quais circulam contradiscursos que lhes permitem formular interpretações de oposição acerca de suas identidades, interesses e necessidades, expandindo o espaço discursivo.

No contexto do trabalho de Luísa, e sob a influência de Maria Eugenia, esses *contrapúblicos subalternos* passam a ser tratados como *contrapúblicos hermenêuticos*. Trata-se de uma proposta de acolhimento de influxos interpretativos hauridos a partir da ação de movimentos sociais, a serem valorizados juridicamente, especialmente no exercício da jurisdição constitucional das questões que digam respeito a grupos minoritários ou vulneráveis. Mais especificamente, Luísa desenvolve a noção, explorada na análise do HC 124.306/RJ, de que *contrapúblicos interpretativos* conferem aos princípios jurídicos uma densidade normativa especial, cuja consideração pode auxiliar na diminuição da margem de discricionariedade judicial do intérprete. Aqui é que se estabelece uma aproximação com o interpretativismo de Dworkin e com balizas da Crítica Hermenêutica do Direito, de Streck.

O resultado disso tudo foi a defesa pública, em setembro de 2018, de uma bela dissertação de mestrado intitulada *A (in)efetividade da tutela dos direitos das mulheres e a questão do aborto a partir do HC 124.306/RJ: contrapúblicos interpretativos e a busca pela resposta correta.* A banca foi composta por Maria Eugenia, por mim e pelos Professores Lenio Luiz Streck e André Karam Trindade. A aprovação veio com nota máxima.

O texto que tenho a grata tarefa de apresentar hoje é uma versão revisada e mais amadurecida daquele trabalho. *Contrapúblicos interpretativos: uma provocação feminista às respostas corretas em Direito* conserva a inquietação intelectual da Luísa que conheci em 2016, mas já traz elementos da doutoranda de 2021 (ainda na UNISINOS, agora sob a orientação de Lenio). É um livro que merece ser lido, e este *mérito* é independente de concordância ou discordância com suas premissas e conclusões. Ele decorre da responsabilidade e do engajamento com que se assumem as posições defendidas no trabalho. E, neste ponto, Luisa homenageia Dworkin. Ela pode até não convencer você das conclusões a que chegou; mas ela vai convencê-lo de algo diferente e frequentemente mais importante: de que ela agiu *responsavelmente* para atingi-las.

Boa leitura!

Porto Alegre, inverno de 2021.

Francisco José Borges Motta
Doutor e Mestre em Direito Público (UNISINOS).
Professor da Escola de Direito da FMP/RS (graduação e mestrado).
Promotor de Justiça.

PREFÁCIO

É de há muito que digo que não se faz filosofia no direito e que, no Brasil, o realismo jurídico teve sua vitória de Pirro, na prática jurídica e na Academia também: direito é aquilo que o tribunal diz que é. E pronto. A doutrina, assim, relega-se a um papel de caudatária de decisões, dedicada a, quando muito, além de categorizar, coletar e comentar (quando muito!) jurisprudência, criar conceitos dogmáticos — *conceitos sem coisa*, dizia Warat, respostas abstratas que serão depois cobradas em concursos e, posteriormente, usadas para dar juridicidade às decisões judiciais, que serão categorizadas e coletadas e comentadas pelos livros... e seguimos nesse círculo vicioso.

É por isso que escrevo este prefácio com muita alegria. Se a doutrina no Brasil é muitas vezes um deserto epistêmico, livros como o de Luísa Giuliani representam um oásis. Exatamente porque se recusam a admitir a pírrica vitória do realismo retrô. "Contrapúblicos Interpretativos" vai na contramão — e o leitor que se debruçar sobre estas páginas vai entender por que esse é um grande elogio. Uma das razões já posso adiantar aqui: parafraseando Eliot, num país de fugitivos, quem anda na contramão é que parece estar fugindo. Luísa Giuliani se dedica a fazer teoria do direito como deve ser: com reflexão e leitura, com crítica e com *auto*crítica também: isso fica muito claro nas páginas em que a autora questiona até mesmo os autores e autoras que lhe servem de base e até mesmo as decisões judiciais que, à primeira vista, satisfazem as demandas reivindicadas por grupos, setores, indivíduos e coletividades que a proposta de "Contrapúblicos Interpretativos" busca contemplar.

Com isso, Luísa Giuliani mostra aquele que é um aspecto fundamental para que o direito tenha coerência e integridade; algo pelo qual tenho lutado há mais de 25 anos e que parece ter sido compreendido neste livro: direito não é só uma questão de fim, mas uma questão de meio também. Direito não é política. A política, é certo, ajuda a construir o império do direito: mas é ele que a filtra institucionalmente, e não o contrário. Decidir em direito, afinal, é uma questão de princípio — e este livro mostra isso muito bem, afastando-se do criterialismo tradicional de uma dogmática jurídica complacente. Aplausos efusivos.

Com muito orgulho, posso dizer que muitas são as obras que dialogam com a Crítica Hermenêutica do Direito, matriz teórica por mim fundada no Brasil. Também é o caso desta obra, que o faz de uma maneira muito própria e, creio, cara à autora: de uma maneira ousada e original. Se a CHD faz uma antropofagia, cruzando os aportes da filosofia hermenêutica e da hermenêutica filosófica com o direito como integridade, de Dworkin, Luísa Giuliani repete a fórmula, colocando em diálogo a CHD, Dworkin, e autores e autoras do chamado constitucionalismo democrático, de perspectivas críticas no direito, enfim, de uma tradição que, verdade, nem sempre fez parte do horizonte da CHD. Talvez alguns pensem que isso, por alguma razão, significa uma ruptura. Ao contrário. Exatamente porque *o direito é um conceito interpretativo.* Essa é a lição fundamental e é um princípio primeiro, condição de possibilidade para que todo o resto seja legítimo enquanto proposta *jurídica.* Este é, repito, um livro de teoria do direito: e como também esse é um juízo interpretativo, e como fazer teoria do direito é coisa cada vez mais rara e cada vez mais meritória, não se trata aqui de mera descrição. Rejeito o raso empirismo, afinal, que traça artificialmente uma rígida linha entre aquilo que é e aquilo que deve ser. Este é um autêntico livro de teoria do direito, fruto de estudos de mestrado e de uma grande coragem epistêmica.

Luísa Giuliani diz como o direito deve ser. A partir daquilo que ele é. E são propostas como essa que colocam a teoria do direito no Brasil sob sua melhor luz, na busca por coerência e integridade. Na busca por democracia. Porque também é disso que se trata, afinal. Se não for, já não servimos para mais nada: e este livro, que recusa a vitória de Pirro do realismo jurídico, recusa também a derrota e o pessimismo. Deve ser assim porque é assim que é; é assim porque é assim que deve ser.

Quem aceitar o convite à leitura destas páginas vai aprender muito e, com toda certeza, vai se deparar com grande angústia epistemológica. Também é disso que se trata. Boa leitura!

Lenio Luiz Streck

SUMÁRIO

1

INTRODUÇÃO

Não se pode negar que, especialmente no Brasil, em razão de uma série de circunstâncias - inclusive, políticas - as demandas sociais tendem a se encaminhar ao Judiciário, que se obriga a atender a questões morais, políticas e econômicas controversas. Nessa perspectiva, gradualmente o Supremo Tribunal Federal (STF) configura uma das instâncias que vem garantindo a efetivação dos direitos fundamentais das mulheres no Brasil, embora o presente trabalho tencione confirmar que não é suficiente a efetivação judicial dos direitos se os discursos empregados para tanto desvelarem-se estigmatizantes e, muitas vezes, minimizadores de assimetrias sociais.

Por conseguinte, o aborto contempla um exemplo privilegiado acerca da discussão que se estrutura sobre a forma como se elabora o discurso de justificação dos Ministros do STF em questões moralmente controversas. Ademais, por ser pauta proeminente das reivindicações do movimento feminista, o assunto permite examinar de que forma os Tribunais dedicam-se às provocações trazidas pelos movimentos sociais. Nesse sentido, recorre-se à teoria do Direito de Dworkin como fio condutor para a construção de respostas corretas, considerando ainda a compreensão do ordenamento jurídico pela ideia do somatório de regras e de princípios como um todo íntegro e coerente inicialmente suficiente para frear as arbitrariedades discursivas operadas no Judiciário. Em contrapartida, questiona-se: seriam então suficientemente democráticas em sua construção?

Para responder essa questão, presumimos que a manutenção do Estado Democrático de Direito também se atrela ao seu caráter contramajoritário, assumido principalmente no período pós-Segunda Guerra, de forma que esse marco histórico se revela fundamental para a compreensão do papel de proeminência assumido pelo Poder Judiciário nas últimas décadas[1]. Sendo inegável ainda que questões fundadas em divergências de cunho moral e

1. TASSINARI, Clarissa. **Jurisdição e ativismo judicial:** limites da atuação do poder judiciário. Porto Alegre: Livraria do Advogado, 2013.

político acabam, ao surgirem na esfera jurisdicional, operando como agentes provocadores da renovação do discurso jurídico.

Partimos também da premissa de que, diante da crise de engajamento da população nos processos políticos decisórios, a deliberação político-parlamentar frequentemente resulta na aprovação de atos normativos que "atendem aos interesses políticos sectários e às forças econômicas, descaracterizando o valor epistêmico do processo deliberativo e minimizando a efetiva representatividade política e popular"[2].

À vista disso, questões relativas às demandas de grupos socialmente marginalizados, por não serem pautas institucionalizadas, muitas vezes acabam invisibilizadas de tal forma que não encontram amparo do Poder Legislativo para sua efetivação. Nesse pressuposto, as pautas dos movimentos sociais de reivindicação acabam judicializadas, provocando o Judiciário a disponibilizar respostas no sentido de reconhecimento e de efetivação de direitos. Não obstante o movimento de judicialização, frequentemente os processos acabam "empregando uma estratégia linguístico-discursiva divorciada de gramáticas morais de luta dos movimentos sociais"[3].

Importa assim conhecer a forma como questões de direitos de minorias são tratadas pelos tribunais, principalmente a forma como se constroem os discursos que garantem a efetivação de direitos. Logo, de um lado se problematiza a questão da discricionariedade - reconhecido o teor político e consequentemente moralizante das pautas, a fim de se perceber que tipo de argumento está sendo usado - e de outro, a questão da (re) estigmatização dos grupos vulneráveis, com a invisibilidade das pautas dos movimentos sociais.

Isso posto, questionamos de que forma a atuação dinâmica dos movimentos sociais com contrapúblicos interpretativos contribui para a renovação reflexiva da tradição na busca de respostas corretas para questões jurídicas, para a desconstrução de assimetrias da esfera pública maior e, por fim, para o controle da fundamentação linguístico-discursiva das decisões judiciais que efetivam direitos das mulheres, de maneira a não minimizar questões interseccionais, a partir da análise dos votos dos Ministros do Supremo Tribunal Federal - STF no HC 124.306/RJ?

Apostamos então no estudo da temática da (in)efetivação da tutela dos direitos das mulheres à luz do diálogo entre Nancy Fraser e Ronald Dworkin,

---

2. BUNCHAFT, Maria Eugenia. **Judicialização, Deliberação e Minorias LGBT: uma reflexão sobre os contextos brasileiro e norte-americano.** Relatório Técnico relativo ao Processo n. 2345-2551/14-4. Porto Alegre: FAPERGS, 2017.
3. BUNCHAFT, Maria Eugenia. **Judicialização, Deliberação e Minorias LGBT: uma reflexão sobre os contextos brasileiro e norte-americano.** Relatório Técnico relativo ao Processo n. 2345-2551/14-4. Porto Alegre: FAPERGS, 2017.

abarcando a estratégia de incorporação das contribuições da Teoria Crítica aos denominados argumentos de princípios, que são – ou deveriam ser – empregados nos discursos de fundamentação dos juízes brasileiros. Mais profundamente, procuraremos sustentar que é no seio da comunidade personificada que as práticas sociais acabam chancelando os princípios adotados em cada caso concreto, e com isso acabar-se-ia incorrendo no problema da (re)estigmatização de grupos sociais marginalizados.

Com efeito, sustenta-se a seguinte hipótese provisória: o romance em cadeia proposto por Dworkin deve ser desvelado hermeneuticamente na tradição pelos impulsos interpretativos de minorias vulneráveis que se estabelecem de forma dinâmica nos contrapúblicos interpretativos, de modo que sua melhor construção se daria não só a partir do esforço interpretativo dos juízes em criarem discursos fundamentados, mas também quando validam a diminuição das assimetrias sociais, especialmente no tocante às reivindicações interseccionais. Sendo, portanto, os contrapúblicos interpretativos, ao possibilitarem a renovação contínua e democrática da tradição, limites a juízos particularistas e capazes de desconstruir um conjunto de discursos implícitos ínsitos a determinadas decisões judiciais que, apesar de pautadas no dispositivo por argumentos de princípio, de modo a efetivarem direitos, resgatam, em sua maioria, a fundamentação discursiva marcada pelo emprego de argumentos puramente políticos.

A fim de promover a revisão crítica de um tema inserido no contexto jurídico dogmático diante das insuficiências relativas ao emprego da matriz analítica, empregou-se, como forma de abordagem da temática proposta, o método fenomenológico-hermenêutico. A escolha de tal método se fundamenta na necessidade de superação do esquema sujeito-objeto e dos paradigmas filosóficos que o sustentam.

A técnica de pesquisa envolveu a documentação indireta, por meio da pesquisa bibliográfica em livros, em artigos científicos e em capítulos de livros que contemplam o marco teórico de Ronald Dworkin, de Nancy Fraser e de doutrinadores que compõem o movimento acadêmico denominado como *Constitucionalismo Democrático*.

A pesquisa buscou evidenciar também a necessidade de revisão bibliográfica para complementar a análise acerca da forma como os juízes elaboram seus discursos a partir do emprego do referencial teórico de estudiosos que tratam da questão da judicialização da política de forma a ser evitado o ativismo judicial. Para tanto, foi realizada pesquisa documental (documentação indireta) para a investigação jurisprudencial dos julgados que tratam da questão do aborto, quais sejam, o HC 124.306 e a ADPF 54. Tais documentos jurídicos – cabe citar – encontram-se disponíveis de forma on-line no site do STF.

Sustentam-se os seguintes objetivos específicos:

a) analisar a forma como os conceitos de coerência e de integridade se articulam na teoria de Ronald Dworkin, a fim a incorporar a questão da comunidade personificada como berço dos argumentos de princípio;

b) explorar o debate da justiça à luz da teoria crítica, estudando o *Constitucionalismo Democrático* e o argumento de Nancy Fraser na busca de maior representatividade nos processos decisórios;

c) após a apresentação do debate público acerca da questão do aborto, analisar os votos dos Ministros do STF no Habeas Corpus (HC) 124.306, atinentes às demandas de efetivação dos direitos das mulheres, com ênfase na ideia de contrapúblicos interpretativos, cujo conceito será definido na parte final deste trabalho.

2

DIREITO COMO INTEGRIDADE: CONCEITO INTERPRETATIVO E QUESTÕES MORAIS EM RONALD DWORKIN

Ronald Dworkin é um dos principais filósofos do Direito contemporâneo, e, no Brasil, poucos são os trabalhos sobre Teoria do Direito e Direito Constitucional que não se respaldam em sua produção. Se, por um lado, trata-se de um filósofo refinado em razão da influência da filosofia analítica anglo-saxã, por outro, suas abordagens são plurais, abarcando a filosofia da linguagem, a filosofia política, a filosofia moral e ética, a Teoria do Direito e o Direito Constitucional[1].

Indubitavelmente, uma das inovações na obra de Dworkin tange ao papel desempenhado pelos princípios morais em sua Teoria do Direito e Política, bem como em sua forma de abordar esses *standards*. Cumpre apontar também que, ao aprofundar e criticar a teoria de Hart - seu professor -, inaugurou um debate que se estende desde os anos 1960, em que ocupa papel central na crítica ao positivismo do próprio Hart[2].

Também não se pode desmerecer seu posicionamento no debate público acerca de questões morais e políticas. Isso, talvez, tenha lhe concedido grande visibilidade, uma vez que escreveu sobre temas de alta complexidade filosófica e teórica - como, a título exemplificativo, aborto, eutanásia, democracia e liberdade religiosa. No entanto, sua concepção de Direito como um conceito interpretativo (e as implicações decorrentes de tal posicionamento) pode ser considerada sua maior contribuição para a Filosofia do Direito contemporâneo. É clara a assertiva de Ronaldo Porto Macedo Junior, ao citar que

1. MACEDO JUNIOR, Ronaldo Porto. Como levar Ronald Dworkin a sério ou como fotografar um porco-espinho em movimento. in: GUEST, Stephen. **Ronald Dworkin.** Rio de Janeiro: Elsevier, 2010.
2. MACEDO JUNIOR, Ronaldo Porto. Como levar Ronald Dworkin a sério ou como fotografar um porco-espinho em movimento. in: GUEST, Stephen. **Ronald Dworkin.** Rio de Janeiro: Elsevier, 2010.

> A maior novidade de sua contribuição e da importante pauta teórica que ela carrega, não se refere à mera revalorização do papel dos princípios na interpretação do direito, mas sim à formulação de uma poderosa teoria da controvérsia teórica, capaz de explicar a prática jurídica argumentativa e justificar a teoria interpretativa do direito, que, ao mesmo tempo, se apóia no empreendimento de reconstrução racional de uma teoria da justiça e o justifica[3].

Nesta senda, considerando o potencial da tese de Dworkin enquanto uma teoria da justiça, serão delineadas, a partir do próprio doutrinador, as questões centrais presentes em sua obra para que, mais à frente, possibilite-se imbricar alguns conceitos – como integridade, coerência e comunidade personificada – à ideia de contrapúblicos subalternos de Nancy Fraser, na busca por uma construção realmente democrática do discurso jurídico.

2.1 Entre regras e princípios: Fundamentos para a Teoria Interpretativista

Na percepção de Ronald Dworkin, quando alguém tem um direito, pode reivindicá-lo e exigi-lo, além de criticar os atos das autoridades públicas com base nesse fundamento[4], ainda que a compreensão da gramática de direitos se revele frágil. Por esse motivo, importa atentar à forma como são reconhecidos e garantidos os direitos por parte das autoridades, principalmente ao depreender que sua garantia fundamenta uma construção democrática de Estado. Além, impera aceitar que Direito e Política estão intimamente ligados, já que as decisões judiciais, mesmo que inspiradas por princípios, ainda representam decisões políticas[5]; enquanto não esclarecidos os princípios que figuram no plano de fundo dessas reivindicações, pode-se até sentir que aquilo que estamos fazendo está correto, embora sem a certeza de que os argumentos sejam suficientes ou que os princípios sejam consistentemente aplicados[6].

Destarte, convém determinar o que é o Direito para que questões controversas relativas a violações de direitos fundamentais sejam respondidas. Assim como se pressupõe correta a versão de Dworkin – que postula uma concepção de direito enquanto completude, levando em conta o papel que a legalidade, determinada não somente por questões sociais, mas também

3. MACEDO JUNIOR, Ronaldo Porto. **Do xadrez à cortesia**: Dworkin e a teoria do direito contemporânea. São Paulo: Saraiva, 2013. p. 14.
4. DWORKIN, Ronald. **Levando os direitos a sério.** São Paulo WMF Martins Fontes, 2010. p. 23.
5. DWORKIN, Ronald. **Levando os direitos a sério.** São Paulo WMF Martins Fontes, 2010. p. 138.
6. DWORKIN, Ronald. **Levando os direitos a sério**. São Paulo WMF Martins Fontes, 2010. p. 25.

fpor questões morais[7] sem que isso signifique questões extrajurídicas –, faz-se necessário investigar o debate que promoveu com H. L. A. Hart[8], com o intuito de compreender de que forma Dworkin articula sua teoria.

Preliminarmente, sabendo-se que, na perspectiva de Dworkin, o conceito de Direito denota-se como interpretativo, cabe definir o que são conceitos interpretativos: eles "nos estimulam a refletir sobre aquilo que é exigido por alguma prática que elaboramos, bem como a contestar tal constructo"[9] e, portanto, requerem que as pessoas compartilhem uma prática, admitindo consensualmente que o conceito seja tratado como interpretativo. Logo, quando se admite que o conceito de Direito funciona como conceito interpretativo, "compartilhamos esse conceito como atores em práticas políticas complexas que exigem que interpretemos essas práticas a fim de decidir sobre a melhor maneira de dar-lhes continuidade"[10].

Posto isso, deslindam-se os três principais preceitos comuns que fundamentam o positivismo jurídico na caracterização de Dworkin. Primeiro, o Direito seria "um conjunto de regras especiais utilizado direta ou indiretamente pela comunidade com o propósito de determinar qual comportamento será punido ou coagido pelo poder público"[11]. Essas regras poderiam ser identificadas e distinguidas com o auxílio de critérios específicos, também revelando-se coextensivas ao Direito: se algum caso não estiver coberto por uma das regras, pode ser decidido por alguma autoridade pública, a partir de seu discernimento pessoal. Finalmente, na ausência de uma regra jurídica válida, não existiria obrigação jurídica[12].

A conexão entre direito e moral ameaça a tese hartiana[13] de que o direito é, fundamentalmente, amparado em uma prática social e produto de

---

7. SHAPIRO, Scott J. **The Hart-Dworkin debate**: A *short* guide for the perplexed. University of Michigan Public Law, Workin Paper n. 7, fev 2007. Disponível em: <http://ssrn.com/abstract=968657>. Acesso em 27 ago 2017. p. 5.
8. O debate Hart x Dworkin, desde 1967, quando foi publicada a crítica dworkiniana à tese de Hart, no artigo Modelo de Regras I tem ocupado a produção em Filosofia do Direito. Inúmeras obras foram publicadas posteriormente defendendo Hart das críticas de Dworkin e o mesmo para com este. Inclusive tendo sido publicado na segunda edição do Conceito de Direito um pós escrito, *post mortem*, de Hart rebatendo as críticas de Dworkin. SHAPIRO, Scott J. **The Hart-Dworkin debate**: A *short* guide for the perplexed. University of Michigan Public Law, Workin Paper n. 7, fev 2007. Disponível em: <http://ssrn.com/abstract=968657>. Acesso em 27 ago 2017.
9. DWORKIN, Ronald. **A justiça de toga.** São Paulo: WMF Martins Fontes, 2010. p. 17.
10. DWORKIN, Ronald. **A justiça de toga.** São Paulo: WMF Martins Fontes, 2010. p. 17.
11. DWORKIN, Ronald. **Levando os direitos a sério**. São Paulo WMF Martins Fontes, 2010. p. 28.
12. DWORKIN, Ronald. **Levando os direitos a sério**. São Paulo WMF Martins Fontes, 2010. p. 28.
13. O modelo de regras de Hart surge como contraposição a teorias como a de Austin, para quem o Direito seria caracterizado por ordens coercitivas de um soberano ou por hábitos de obediência, isentando-se de normatividade que pode ser descrita por elementos meramente factuais. Para Hart, as regras jurídicas não poderiam ser reduzidas a ordens coercitivas baseadas em ameaças ou em comandos por três razões; por também conferirem poderes, porque no Estado Moderno o

convenções, colocando em xeque a questão da incapacidade de as práticas sociais explicarem o porquê da vinculação a padrões morais presentes nos discursos dos juízes quando debatem o conteúdo do direito[14]. Mas vale ir mais a fundo: a teoria de Hart precisa ser levada a sério.

O debate entre Hart e Dworkin funda-se na questão da validade da versão positivista de Hart[15] que, oferecendo uma "teoria geral das regras"[16], sustentava que o sistema jurídico é composto pela combinação de regras primárias, que imporiam uma série de deveres e de abstenções aos cidadãos, e secundárias, que se referem às próprias normas primárias, especificando a forma como podem ser determinadas, introduzidas, eliminadas e alteradas[17].

Entre as regras secundárias está a regra de reconhecimento que, simples ou complexa, "especificaria algum aspecto ou aspectos cuja existência numa dada regra é tomada como uma indicação afirmativa e concludente de que é uma regra do grupo que deve ser apoiada pela pressão social que ele exerce"[18]. A regra de reconhecimento é uma regra sobre regras, um padrão que, expresso ou não, formulado ou não, dispõe dos critérios de juridicidade de determinado sistema jurídico — critérios esses a partir dos quais se pode identificar o direito enquanto direito. Segundo ela, o fundamento de validade das normas reporta-se a uma questão de fato, em conformidade com o pensamento hartiano: "A validade de uma regra é estabelecida por sua relação com outra norma independentemente de seu conteúdo ou de seu mérito"[19]. E, "para Hart, a aceitação da regra de reconhecimento e das instituições que constituem o direito independe dos méritos morais e avaliativos delas"[20].

A regra de reconhecimento funciona como um padrão unificador e garantidor da identidade jurídica e é aceita como um fato social. Representa, assim, o fundamento do sistema jurídico e introduz a ideia de validade

---

criador das leis a elas está submetido e, finalmente, porque nas regras originadas por costume não haveria vontade consciente para sua elaboração. Também não se explica pela ideia do hábito por não responder às questões clássicas: sobre o momento da troca de soberanos, da continuidade da autoridade legislativa e da manutenção da validade dessas normas. MOTTA, Francisco Jose Borges. **Ronald Dworkin e a decisão jurídica.** Salvador: Juspodivm, 2017.

14. SHAPIRO, Scott J. **The Hart-Dworkin debate**: A *short* guide for the perplexed. University of Michigan Public Law, Workin Paper n. 7, fev 2007. Disponível em: <http://ssrn.com/abstract=968657>. Acesso em 27 ago 2017. p. 5.
15. SHAPIRO, Scott J. **The Hart-Dworkin debate**: A *short* guide for the perplexed. University of Michigan Public Law, Workin Paper n. 7, fev 2007. Disponível em: <http://ssrn.com/abstract=968657>. Acesso em 27 ago 2017. p. 6.
16. DWORKIN, Ronald. **Levando os direitos a sério**. São Paulo WMF Martins Fontes, 2010. p. 31.
17. HART, H. L. A. **O conceito de direito**. São Paulo: WMF Martins Fontes, 2009. p.122.
18. HART, H. L. A. **O conceito de direito**. São Paulo: WMF Martins Fontes, 2009. p.122.
19. MACEDO JUNIOR, Ronaldo Porto. **Do xadrez à cortesia**: Dworkin e a teoria do direito contemporânea. São Paulo: Saraiva, 2013. p. 160.
20. MACEDO JUNIOR, Ronaldo Porto **Do xadrez à cortesia**: Dworkin e a teoria do direito contemporânea. São Paulo: Saraiva, 2013. p. 160.

jurídica[21], pois onde quer que ela seja aceita, tanto os indivíduos quanto as autoridades públicas disporiam de critérios válidos para a identificação das normas primárias[22]. Cumpre referir ainda que Hart admite que o desenvolvimento do Direito tem sido influenciado pela moral, embora o critério de validade das leis não necessariamente inclua alguma referência à moral ou à justiça[23]. Dessa forma, as proposições jurídicas seriam verdadeiras apenas em razão de convenções sociais que representam a aceitação pela comunidade de um sistema de regras que concede a tais indivíduos o poder de criar leis válidas[24]. O positivismo hartiano, portanto, encara o direito como uma "simples questão de fato", do qual decorre a afirmação de que o argumento jurídico deve ser empírico[25].

A partir da concepção de que os deveres jurídicos são criados por regras sociais cuja normatividade é garantida pelo reconhecimento social, Hart define a tese do direito como instituição social na qual a linguagem ocupa o papel constitutivo[26] na medida em que o principal instrumento de controle social - constituído pelas regras gerais, pelos padrões de conduta e pelos princípios - deve ser transmitido como padrão geral de conduta compreensível para os cidadãos[27]. Contudo, adverte Hart:

> Mesmo quando se utilizam normas gerais formuladas verbalmente, podem surgir, em casos concretos específicos, incertezas quanto ao tipo de comportamento por elas exigido. [...] Os cânones de "interpretação" não podem eliminar essas incertezas, embora possam minorá-las; pois esses cânones constituem, eles próprios, normas gerais para o uso da linguagem e empregam termos gerais que exigem eles próprios interpretação[28].

Por consequência, Hart assume que a linguagem confere discricionariedade ao intérprete que pode ser ampla a ponto de refletir a sua escolha[29]. "Para Hart não importa qual seja a estratégia escolhida para a transmissão de padrões de comportamento (seja o precedente ou a legislação), esses

21. MOTTA, Francisco José Borges. **Ronald Dworkin e a Decisão Jurídica.** Savador: Juspofivm, 2017. p. 99.
22. HART, H. L. A. **O conceito de direito**. São Paulo: WMF Martins Fontes, 2009. p.130.
23. HART, H. L. A. **O conceito de direito**. São Paulo: WMF Martins Fontes, 2009. p.239-240.
24. DWORKIN, Ronald. **O império do direito.** São Paulo: Martins Fontes, 2014. p. 42.
25. MOTTA, Francisco José Borges. **Ronald Dworkin e a Decisão Jurídica.** Savador: Juspofivm, 2017. p. 100.,
26. MOTTA, Francisco José Borges. **Ronald Dworkin e a Decisão Jurídica.** Savador: Juspofivm, 2017. p. 101.
27. HART, H. L. A. **O conceito de direito**. São Paulo: WMF Martins Fontes, 2009. p.161.
28. HART, H. L. A. **O conceito de direito**. São Paulo: WMF Martins Fontes, 2009. p.163-164.
29. HART, H. L. A. **O conceito de direito**. São Paulo: WMF Martins Fontes, 2009. p.165.

padrões, em algum momento, mostrar-se-ão imprecisos e sua aplicação será posta em dúvida"[30].

Hart ainda alerta que quando casos imprevistos ocorrerem, a estratégia é a escolha entre os interesses conflitantes da forma que melhor venha a nos satisfazer, resolvendo a questão dos termos genéricos de uma norma[31]. Outrossim,

> A autoridade encarregada de estabelecer as normas deve evidentemente exercer sua discricionariedade, e não há possibilidade de tratar a questão levantada pelos vários casos como se pudesse ser resolvida por uma única solução correta a priori, e não por uma solução que represente um equilíbrio razoável entre diversos interesses conflitantes[32].

Hart não se preocupa em tematizar o conteúdo bom - ou mau - de uma decisão judicial, já que na zona de penumbra (ou no campo da discricionariedade) as decisões que ultrapassam o conteúdo que pertence à esfera do direito como tal. Ou seja, quando a decisão não tem o seu conteúdo determinado por uma regra, não será certa ou errada do ponto de vista *jurídico*[33], o que resume o principal ponto de divergência com Dworkin, que admite a existência de componentes além das regras que conduzem os argumentos dos juízes em uma direção *correta*[34].

Esses referidos componentes - que são *standards*[35] - ignorados por Hart[36] e que são distintos das regras, operam em casos difíceis como princípios, políticas e outros tipos de padrões. Portanto, para elucidar a questão de como se definem os princípios, em Dworkin, convém ter presente a distinção entre princípios e políticas. Os primeiros contemplam um padrão que deve ser observado em razão de suas exigências de justiça ou de equidade ou de alguma dimensão da moralidade, enquanto a segunda abrange um padrão que estabelece um objetivo a ser alcançado[37].

---

30. MOTTA, Francisco José Borges. **Ronald Dworkin e a Decisão Jurídica.** Salvador: Juspofvium, 2017. p. 101.
31. HART, H. L. A. **O conceito de direito**. São Paulo: WMF Martins Fontes, 2009. p.167.
32. HART, H. L. A. **O conceito de direito**. São Paulo: WMF Martins Fontes, 2009. p.171.
33. MACEDO JUNIOR, Ronaldo Porto. **Do xadrez à cortesia**: Dworkin e a teoria do direito contemporânea. São Paulo: Saraiva, 2013. p. 161.
34. MOTTA, Francisco Jose Borges. **Levando o direito a sério:** uma crítica hermenêutica ao protagonismo judicial. Porto Alegre: Livraria do Advogado, 2012. p. 77.
35. MACEDO JUNIOR, Ronaldo Porto. **Do xadrez à cortesia**: Dworkin e a teoria do direito contemporânea. São Paulo: Saraiva, 2013. p. 162.
36. Cumpre mencionar que no pós-escrito do *Conceito de direito*, Hart, admite que além das questões de *pedigree*, a regra de reconhecimento pode fornecer testes relacionadas não ao conteúdo factual das leis, mas à sua conformidade com valores ou princípios morais substantivos. SHAPIRO, Scott J. **The Hart-Dworkin debate**: A *short* guide for the perplexed. University of Michigan Public Law, Workin Paper n. 7, fev 2007. Disponível em: <http://ssrn.com/abstract=968657>. Acesso em 27 ago 2017.
37. DWORKIN, Ronald. **Levando os direitos a sério**. São Paulo WMF Martins Fontes, 2010. p. 36

> Os princípios funcionam segundo uma gramática lógica que exige algum tipo de ponderação – e, portanto, prática argumentativa e de justificação – e envolvem a referência a um valor como o seu foco intencional determinante. Isto é, o *point* (a intencionalidade) dos princípios é valorativo e exige uma atitude interpretativa (..) da parte do operador do direito[38].

O esquecimento dos princípios custou muito ao positivismo de Hart, visto que, segundo Dworkin, a caracterização que o modelo de regras estritas indiretamente faz deles é incompatível com a prática habitual nos Tribunais em que se recorre diariamente ao discurso dos princípios. "Mais importante ainda, o funcionamento dos princípios seria um caso especialmente ilustrativo da natureza argumentativa e interpretativa do Direito", podendo-se concluir que "os princípios revelam de maneira particularmente evidente a natureza moral da argumentação jurídica"[39]. No momento em que a questão envolve a superação do positivismo de Hart, cabe ocupar-se da forma como Dworkin articula seu argumento para demonstrar que princípios diferem de regras, e essas diferenças ocorrem no âmbito de sua aplicação, de sua dimensão e de sua validade.

De forma a se melhor compreender as diferenças inerentes a essas categorias, temos que as regras se excluem reciprocamente, "dados os fatos previstos para a incidência simultânea de mais de uma regra, somente uma delas será considerada válida e aplicável"[40], enquanto que no tocante aos princípios "não se apresentam consequências jurídicas que se seguem automaticamente quando as condições são dadas", posto que enunciam uma razão que conduz o argumento em certa direção, ainda que necessitem de uma decisão particular. E, mesmo na existência de princípios ou de políticas conflitantes, ainda farão parte do ordenamento jurídico e poderão ser decisivos[41].

No âmbito da dimensão, "os princípios possuem uma dimensão que as regras não possuem – a dimensão do peso ou da importância"[42]. Quando princípios se opõem, aquele que decidir o conflito em questão deve compreender a força relativa de cada princípio – mensuração que não é exata e que pode gerar controvérsias –, considerando que se trata de uma categoria

---

38. MACEDO JUNIOR, Ronaldo Porto. **Do xadrez à cortesia**: Dworkin e a teoria do direito contemporânea. São Paulo: Saraiva, 2013. p. 164.
39. MACEDO JUNIOR, Ronaldo Porto. **Do xadrez à cortesia**: Dworkin e a teoria do direito contemporânea. São Paulo: Saraiva, 2013. p. 162.
40. MOTTA, Francisco José Borges. **Ronald Dworkin e a Decisão Jurídica**. Salvador: Juspofivm, 2017. p. 103.
41. DWORKIN, Ronald. **Levando os direitos a sério**. São Paulo WMF Martins Fontes, 2010. p. 39 - 42.
42. DWORKIN, Ronald. **Levando os direitos a sério**. São Paulo WMF Martins Fontes, 2010. p. 42.

de normas que não são mais ou menos importantes entre si. Já as regras são funcionalmente importantes – ou não. Uma regra pode ser mais relevante do que outra enquanto parte de um mesmo sistema de regras, de tal modo que uma suplanta outra, em caso de conflito, em razão de sua importância[43]. No entanto, se duas regras entram em conflito, uma delas não pode ser válida, devendo ser excluída ou reformulada em virtude de sua menor importância[44]. Com os princípios não se procede dessa forma, haja vista que, por não serem mais ou menos significativos e por continuarem integrando o ordenamento jurídico quando se chocam, não têm sua validade questionada. "Muitas vezes a forma de um padrão normativo não deixa claro se ele é uma regra ou um princípio", e diante da utilização de conceitos vagos, para a aplicação das regras, faz-se necessária a utilização de princípios ou de políticas, que muitas vezes as extrapolam[45].

Considerando-se então que, em decisões judiciais, os princípios e as políticas interagem enquanto fonte de autoridade para a geração de novas regras, pode-se aduzir que o Direito inclui tanto regras quanto princípios – alguns dos quais, obrigatórios como as regras. A compreensão da categoria nestes termos implica a necessidade de se escolher um conceito de princípio que obrigue os juízes a aplicá-lo, incorrendo em erro, caso não o façam, de modo que, como estão aplicando padrões jurídicos obrigatórios, estão também aplicando direitos e obrigações jurídicos[46]. Porém, se fosse o caso de depreender a natureza dos princípios de outra forma – desconsiderada sua obrigatoriedade – seria admissível que, quando os juízes decidem, poderiam ir além das regras que são obrigados a aplicar, lançando mão de princípios extralegais e com isso agindo discricionariamente[47]. Eis aí, novamente, o segundo ponto de confronto entre a teoria de Ronald Dworkin e o positivismo de Hart.

Diante dos princípios, não há brechas para a atuação discricionária do juiz, uma vez que contemplam o modo concreto de enfrentamento da discricionariedade judicial e sintetizam a manifestação da densidade normativo-concreta de um mandamento legal, o que demanda singularização, que só ocorre no momento aplicativo. Cumpre ressaltar que o combate ao arbítrio presente na discricionariedade dos juízes reside justamente na busca pela devida concretização das promessas presentes no texto constitucional[48].

---

43. DWORKIN, Ronald. **Levando os direitos a sério**. São Paulo WMF Martins Fontes, 2010. p. 43.
44. DWORKIN, Ronald. **Levando os direitos a sério**. São Paulo WMF Martins Fontes, 2010. p. 43.
45. DWORKIN, Ronald. **Levando os direitos a sério**. São Paulo WMF Martins Fontes, 2010. p.43-45.
46. DWORKIN, Ronald. **Levando os direitos a sério**. São Paulo WMF Martins Fontes, 2010. p. 46- 49
47. DWORKIN, Ronald. **Levando os direitos a sério**. São Paulo WMF Martins Fontes, 2010. p. 46-49.
48. STRECK, Lenio Luiz. **Verdade e consenso***:* Constituição, hermenêutica e teorias discursivas. São Paulo: Saraiva, 2014. p. 523.

Nesta senda, faz-se coerente aprofundar a questão do poder discricionário do juiz para compreender por que é fundamental observar o Direito como empreendimento constituído por regras e por princípios – e pelas implicações decorrentes disso.

Salienta-se que a discricionariedade abarca um conceito relativo, uma vez que significa, em seu melhor contexto (dentro das possibilidades derivadas de padrões estabelecidos por determinada autoridade) a liberdade na tomada de decisões (seu sentido fraco)[49]. Em contrapartida, ao se afirmar – assim como o faz Hart, no *Conceito de Direito* – que quando um juiz esgota as regras à disposição, tem poder discricionário (no sentido de que não está obrigado por quaisquer padrões derivados da autoridade ou da lei[50]), atribui-se ao conceito seu sentido forte, o qual está intimamente ligado à ideia positivista de que uma obrigação jurídica existe apenas quando uma regra de direito estabelecida impôs tal obrigação[51].

Quanto à tese das obrigações, pode-se refutar o posicionamento positivista asseverando que a obrigação jurídica existe sempre que as razões que sustentam sua existência forem mais fortes que as contrárias[52]. Quer dizer, "os princípios afirmam razões (jurídico-morais) que justificam uma determinada decisão, atribuindo-lhes um peso diferenciado ante outras possíveis razões com as quais compete"[53].

Conceber o poder discricionário em seu sentido forte é ignorar que princípios e políticas fazem parte do Direito, considerando-os meros padrões extrajurídicos corriqueiramente utilizados nos Tribunais, apenas pelo fato de determinarem obrigações diferentes das regras. Isso significa negar que são capazes de, sem ditar resultados, inclinar suas decisões para determinada direção – embora de maneira não conclusiva – cujo peso está relacionado à junção dos argumentos baseados na história legislativa e judiciária, juntamente com as compreensões compartilhadas por uma comunidade[54].

Em suma, os princípios devem justificar as regras estabelecidas, e, para tanto, cumpre identificar preocupações e tradições morais da comunidade a qual efetivamente sustenta tais regras[55], "a não ser que pelo menos alguns

---

49. DWORKIN, Ronald. **Levando os direitos a sério**. São Paulo WMF Martins Fontes, 2010. p.51.
50. DWORKIN, Ronald. **Levando os direitos a sério**. São Paulo WMF Martins Fontes, 2010. p. 55.
51. DWORKIN, Ronald. **Levando os direitos a sério**. São Paulo WMF Martins Fontes, 2010. p. 70.
52. DWORKIN, Ronald. **Levando os direitos a sério**. São Paulo WMF Martins Fontes, 2010. p. 71.
53. MACEDO JUNIOR, Ronaldo Porto. **Do xadrez à cortesia**: Dworkin e a teoria do direito contemporânea. São Paulo: Saraiva, 2013. p. 163.
54. DWORKIN, Ronald. **Levando os direitos a sério**. São Paulo WMF Martins Fontes, 2010. p.56-58.
55. MOTTA, Francisco Jose Borges. **Levando o direito a sério:** uma crítica hermenêutica ao protagonismo judicial. Porto Alegre: Livraria do Advogado, 2012. p. 71.; HART, H. L. A. **O conceito de direito**. São Paulo: WMF Martins Fontes, 2009. p. 76.

princípios sejam reconhecidos como obrigatórios pelos juízes e considerados, no seu conjunto, como necessários para chegar a certas decisões, [...] poucas regras poderão ser então consideradas como obrigatórias"[56]. Esse argumento retoma a questão que trata da possibilidade de os juízes mudarem uma regra de direito em vigor – cuja resposta reside nos princípios.

Para que haja qualquer mudança nos rumos de uma decisão, deverão ser levados em conta os valores por trás de um princípio, o qual fundamentará tal alteração. No entanto, vale atentar para o princípio da supremacia do Legislativo e para a força do precedente vinculante[57]. Dessa forma, assumir que, além das regras, os princípios conglobam o ordenamento jurídico e se caracterizam como obrigatórios, além de colocar em xeque a tese da discricionariedade, aponta para a necessidade de reconhecimento de um teste de validade que possa ser satisfeito por todos os princípios que fazem parte do Direito. A tese não pode ser a da regra de reconhecimento – como a proposta por Hart, a qual opera na disposição dos critérios de identificação e validade do direito porque aceita e praticada em abstrato pelas autoridades de um sistema jurídico – mas deve ser considerar aquilo que é contextualmente apropriado[58]. O *teste de pedigree*, como concebido por Hart, não se aplica aos princípios, dado que

> Argumentamos em favor de um princípio debatendo-nos com todo um conjunto de padrões – eles próprios princípios e não regras – que estão em transformação, desenvolvimento e mútua interação. Esses padrões dizem respeito à responsabilidade institucional, à interpretação das leis, à força persuasiva dos diferentes tipos de precedente, à relação de todos esses fatores com as práticas morais contemporâneas e com um grande número de outros padrões do mesmo tipo[59].

Os juízes se valem dos princípios em razão da razoabilidade e da justiça, e não em detrimento de sua autoridade política. Ainda, reconhecem uma obrigação para aplicar os princípios, entendidos como "razões substantivas que impõem aos magistrados a obrigação de decidir com justiça"[60], que sempre atuam como determinantes para a concretização do direito, e em todo caso concreto devem conduzir para a determinação da resposta correta, pois fazem com que o caso decidido seja dotado da autoridade que

56. DWORKIN, Ronald. **Levando os direitos a sério**. São Paulo WMF Martins Fontes, 2010. p. 59.
57. DWORKIN, Ronald. **Levando os direitos a sério**. São Paulo WMF Martins Fontes, 2010. p. 60.
58. DWORKIN, Ronald. **Levando os direitos a sério**. São Paulo WMF Martins Fontes, 2010. p. 64.
59. DWORKIN, Ronald. **Levando os direitos a sério**. São Paulo WMF Martins Fontes, 2010. p. 65.
60. MACEDO JUNIOR, Ronaldo Porto. **Do xadrez à cortesia**: Dworkin e a teoria do direito contemporânea. São Paulo: Saraiva, 2013. p. 164.

vem do reconhecimento da legitimidade. Os princípios não resolvem o caso, embora constituam a legitimidade da solução e suscitem que a decisão seja incorporada ao todo da história institucional do Direito[61].

O debate entre Hart e Dworkin desencadeou inúmeras respostas de cada um de seus seguidores. O eixo das discussões sobre a natureza do Direito que dividiu tantas matrizes teóricas versou mais sobre o significado teórico envolvido na prática argumentativa a partir dos princípios do que sobre o uso dos princípios pelos juristas[62]. Alguns positivistas - os exclusivistas - consideraram que princípios podem ser padrões extrajurídicos, e que a identificação do direito não pode, do ponto de vista *conceitual*, envolver avaliações ou juízos ou critérios morais. Entrementes, a vertente denominada inclusivista, em sentido geral, aceitam que critérios morais podem (embora não necessariamente) fazer parte dos critérios de identificação, desde que essa possibilidade seja previamente aceita pela regra de reconhecimento da jurisdição em questão.

À vista disso, Dworkin, no Modelo de Regras II, embasa sua tese da controvérsia, um dos seus principais argumentos contra a teoria positivista[63], em que tenta demonstrar que o positivismo legalista não dá conta de certo tipo de controvérsia que os atores jurídicos frequentemente se deparam no que diz respeito à própria interpretação do direito, que são as disputas morais. Para tanto, argumenta que o Direito não se funda exclusivamente em fatos sociais, mas tem como pano de fundo a moralidade política, assim como a legitimidade institucional[64]. No tocante aos desacordos teóricos, que são o argumento a partir do qual Dworkin enfatiza que, na esfera da aplicação, juízes discordam não apenas sobre fatos empíricos ou sobre justiça substantiva, mas sobre *os fundamentos do próprio direito* — de modo que esses desacordos, em si mesmos, revelam que um modelo de direito baseado em convenções entre membros oficiais não é capaz de oferecer uma boa explicação da prática.

Em resumo, Dworkin "salienta que uma regra pode existir mesmo onde não exista uma convenção explícita regulando uma situação", o que ocorre justamente porque a intencionalidade das práticas integra os elementos constitutivos de uma regra, a qual não pode ser pura convenção. Por conseguinte,

---

61. STRECK, Lenio Luiz. **Verdade e consenso***:* Constituição, hermenêutica e teorias discursivas. São Paulo: Saraiva, 2014. p. 569.

62. MACEDO JUNIOR, Ronaldo Porto. **Do xadrez à cortesia**: Dworkin e a teoria do direito contemporânea. São Paulo: Saraiva, 2013. p. 168.

63. MACEDO JUNIOR, Ronaldo Porto. **Do xadrez à cortesia**: Dworkin e a teoria do direito contemporânea. São Paulo: Saraiva, 2013. p. 172.

64. SHAPIRO, Scott J. **The Hart-Dworkin debate**: A *short* guide for the perplexed. University of Michigan Public Law, Workin Paper n. 7, fev 2007. Disponível em: <http://ssrn.com/abstract=968657>. Acesso em 27 aog 2017. p. 27.

"se aceitarmos a explicação hartiana dos desacordos teóricos, não teremos como explicar os desacordos sobre as obrigações jurídicas. [...] A existência de uma controvérsia seria, por definição, a inexistência de uma convenção"[65].

O erro de Hart configura a identificação de um ponto de partida meramente factual consistente numa mera convergência de comportamentos. Para Dworkin, apenas uma proposição normativa pode realizar a tarefa de instituir um sistema de regras e de princípios como o direito. Apesar de ser relevante à estratégia explicativa do Direito, a dimensão fática da regra de reconhecimento não dá conta da aceitação da autoridade do direito, por não possuir uma dimensão normativa[66]. Surge então um novo mote para a crítica de Dworkin ao positivismo, para quem os argumentos jurídicos que constituem a Teoria do Direito são inevitavelmente engajados e normativos[67]. Enquanto a tarefa da teoria analítica de matriz positivista visa a explicar o conceito de direito a partir de uma concepção semântica[68], o estudioso defende uma abordagem interpretativista,

A hipótese suscitada – de que a exigência de que os fundamentos do Direito sejam determinados por consenso – assume uma semântica criterial, segundo a qual somente se compartilham conceitos se o mesmo ocorrer com critérios para sua correta aplicação, o que não permitiria explicar os desacordos teóricos[69]. Contrariamente, na opinião de Dworkin, a prática do direito é argumentativa[70], e reconhecendo que os juristas frequentemente divergem quanto ao sentido das normas jurídicas, propõe um método interpretativo baseado em três etapas, para que se possa conferir à norma jurídica um sentido mais coerente com a prática jurídica[71].

Na primeira etapa, a pré-interpretativa, identificam-se as regras e os padrões que oferecem o conteúdo da prática[72]. O intérprete deve colher o material bruto que forma o sistema jurídico de uma comunidade política, cujos dados abarcam apenas o conteúdo básico que dará início à construção da definição de quais direitos devem ser aplicados. Já nessa etapa incide a

---

65. MACEDO JUNIOR, Ronaldo Porto. **Do xadrez à cortesia**: Dworkin e a teoria do direito contemporânea. São Paulo: Saraiva, 2013. p. 173-176.
66. MACEDO JUNIOR, Ronaldo Porto. **Do xadrez à cortesia**: Dworkin e a teoria do direito contemporânea. São Paulo: Saraiva, 2013. p.176-177.
67. MACEDO JUNIOR, Ronaldo Porto. **Do xadrez à cortesia**: Dworkin e a teoria do direito contemporânea. São Paulo: Saraiva, 2013. p. 180.
68. MACEDO JUNIOR, Ronaldo Porto. **Do xadrez à cortesia**: Dworkin e a teoria do direito contemporânea. São Paulo: Saraiva, 2013. P 181.
69. MACEDO JUNIOR, Ronaldo Porto. **Do xadrez à cortesia**: Dworkin e a teoria do direito contemporânea. São Paulo: Saraiva, 2013. P 181.
70. DWORKIN, Ronald. **O império do direito**. São Paulo: Martins Fontes, 2014. p.17.
71. DWORKIN, Ronald. **O império do direito**. São Paulo: Martins Fontes, 2014. p.81-82.
72. DWORKIN, Ronald. **O império do direito**. São Paulo: Martins Fontes, 2014. p. 81.

abordagem interpretativa do Direito, uma vez que a definição dos elementos considerados fundamentos jurídicos depende da interpretação feita a partir dos princípios de moralidade política que melhor justificam a prática do direito[73].

Na fase interpretativa – a segunda – o intérprete deve articular uma justificativa geral para os principais elementos da prática que se constataram na fase anterior[74], sendo um estágio que contempla duas dimensões: a dimensão de interpretação sistemática limitada, na qual o juiz deve buscar uma resposta ao caso que seja ajustada ao direito positivo vigente e aos precedentes judiciais preexistentes. Não se fazendo presente qualquer pretensão de correção moral, a dimensão objetiva aponta uma solução que seja coerente para com o Direito positivo e com as decisões judiciais prévias, o que Dworkin chama de coerência estratégica[75]; já a dimensão da interpretação sistemática abrangente destaca que o juiz deve compreender o sistema jurídico à sua melhor luz, devendo interpretar o direito positivo e as decisões judiciais relevantes de modo a construir uma resposta moralmente afinada com os princípios morais e políticos acolhidos no próprio sistema jurídico, para que a resposta apresente o direito da comunidade da melhor forma possível[76].

Finalmente, na etapa pós-interpretativa, o intérprete deverá ajustar sua ideia daquilo que a prática requer para melhor servir à justificativa que aceita na etapa interpretativa[77]. Essa fase ainda é interpretativa da prática jurídica, e nela o juiz não se encontra estritamente atrelado ao direito positivo e aos precedentes. Na maioria dos casos, já teria sido encontrada a resposta em alguma das dimensões da fase interpretativa. Ocorre que é possível que a fase interpretativa não viabilize resposta plena ou que ela forneça uma resposta incapaz de justificar a coerção do Estado. Assim, nessa fase, o resultado da fase interpretativa deve ser contrastado com valores morais independentes e inerentes à prática jurídica, podendo-se corrigir a resposta da fase interpretativa ou proporcionar uma resposta que ainda não tenha sido encontrada[78].

---

73. MELLO, Cláudio Ari Pinheiro de. Verdade Moral e Método Jurídico na Teoria Constitucional de Ronald Dworkin. In: STOCK, Alfredo Carlos; LISBOA, Wladimir Barreto (Orgs.). **Normatividade & argumentação**: ensaios de filosofia política e do direito. Porto Alegre: Linus, 2013, p. 300.
74. DWORKIN, Ronald. **O império do direito**. São Paulo: Martins Fontes, 2014. p. 81.
75. MELLO, Cláudio Ari Pinheiro de. Verdade Moral e Métofo Jurídico na Teoria Constitucional de Ronald Dworkin. In: STOCK, Alfredo Carlos; LISBOA, Wladimir Barreto (Orgs.). **Normatividade & argumentação**: ensaios de filosofia política e do direito. Porto Alegre: Linus, 2013, p. 300-301.
76. MELLO, Cláudio Ari Pinheiro de. Verdade Moral e Métofo Jurídico na Teoria Constitucional de Ronald Dworkin. In: STOCK, Alfredo Carlos; LISBOA, Wladimir Barreto (Orgs.). **Normatividade & argumentação**: ensaios de filosofia política e do direito. Porto Alegre: Linus, 2013, p. 302.
77. DWORKIN, Ronald. **O império do direito.** São Paulo: Martins Fontes, 2014. p. 81-82.
78. MELLO, Cláudio Ari Pinheiro de. Verdade Moral e Métofo Jurídico na Teoria Constitucional de Ronald Dworkin. In: STOCK, Alfredo Carlos; LISBOA, Wladimir Barreto (Orgs.). **Normatividade & argumentação**: ensaios de filosofia política e do direito. Porto Alegre: Linus, 2013, p. 303.

A interpretação do Direito, nas lições de Dworkin, consiste então em compreendê-lo como um corpo de doutrina integrado e coerente[79] cuja prática envolve uma questão não puramente interpretativa, mas interpretativa e associada a avaliações valorativas[80]. Regras sociais, por sua vez, se constituem intersubjetivamente, e as disputas genuínas pelas suas melhores concepções, compreendidas social e normativamente, comprovam o caráter argumentativo delas[81]. Dessa forma, a melhor concepção de um conceito é aquela que melhor o interpreta enquanto prática social normativa real que mantém certa adequação com um conjunto de práticas socialmente compartilhadas que servem como medida ou paradigma. O critério para a definição da melhor concepção também "é construído argumentativamente, por meio de reflexão e construção teórica metodologicamente regulada" [82]. Logo, a interpretação plausível da prática é aquela que a ela ajusta e atenta para seu valor[83], de acordo com seu sentido no interior[84].

Dworkin não reputa a interpretação jurídica como atividade única em seu gênero destinada a descobrir o significado de um texto, mas sim como atividade geral, operada de igual forma em outros contextos. Para defender seu ponto de vista, utiliza-se da analogia pertinente à interpretação literária com a metáfora do romance em cadeia[85], que servirá mais futuramente também para a explicitação do ajuste e do valor do argumento jurídico. A metáfora narra que um grupo de romancistas pretendia escrever um romance, no entanto cada um deveria redigir um capítulo. Eliminando o primeiro, todos tinham a dupla responsabilidade de interpretar e de criar, já que precisariam ler tudo o que já fora escrito para estabelecer o que seria o romance criado até então.

A questão interpretativa na esfera jurídica não é muito diferente: os juízes, ao decidirem novos casos, devem considerar-se uma parte do complexo empreendimento em cadeia, do qual inúmeras decisões, estruturas, convenções e práticas são a história. Com isso, deve interpretar o que aconteceu, e em nome da coerência, não partir em uma nova direção[86]. "Essa descrição

79. GUEST, Stephen. **Ronald Dworkin.** Rio de Janeiro: Elsevier, 2010. p. 27.
80. MACEDO JUNIOR, Ronaldo Porto. **Do xadrez à cortesia**: Dworkin e a teoria do direito contemporânea. São Paulo: Saraiva, 2013. p. 201.
81. MACEDO JUNIOR, Ronaldo Porto. **Do xadrez à cortesia**: Dworkin e a teoria do direito contemporânea. São Paulo: Saraiva, 2013. p. 205.
82. MACEDO JUNIOR, Ronaldo Porto. **Do xadrez à cortesia**: Dworkin e a teoria do direito contemporânea. São Paulo: Saraiva, 2013. p. 205-206.
83. DWORKIN, Ronald.**Uma questão de princípio.** São Paulo: Martins Fontes, 2005. p. 239.
84. MACEDO JUNIOR, Ronaldo Porto. **Do xadrez à cortesia**: Dworkin e a teoria do direito contemporânea. São Paulo: Saraiva, 2013. p. 207.
85. MOTTA, Francisco José Borges. **Ronald Dworkin e a Decisão Jurídica.** Salvador: Juspofvim, 2017. p. 35.
86. DWORKIN, Ronald.**Uma questão de princípio.** São Paulo: Martins Fontes, 2005. p.2237-238.

geral da interpretação jurídica não é uma licença para que cada juiz descubra na história institucional o que ele quiser nela encontrar", mas sim a ideia de que sua interpretação deve se ajustar à história. Tanto na interpretação artística quanto na jurídica, para verificar uma obra/direito em sua melhor luz, deve-se levar em conta tanto características formais – como identidade, integridade e coerência – como questões substantivas de valor[87].

2.2 O Direito como Integridade e as respostas corretas aos casos difíceis

É diante do desenvolvimento da concepção de Direito como empreendimento interpretativo que a questão da integridade vai ganhar importância em Dworkin: "A integridade deve refletir um compromisso da comunidade de tratar todos os seus cidadãos como iguais"[88], o que confere ao direito a condição de empreendimento político cuja finalidade geral é "coordenar o esforço social e individual, ou resolver disputas sociais ou individuais, ou assegurar a justiça entre os cidadãos e entre eles e o seu governo, ou alguma combinação dessas alternativas"[89]. A partir dessas premissas, ora tidas como estruturantes de uma concepção válida de Direito, torna-se notório que o argumento jurídico está fundamentalmente preocupado com o argumento público[90].

O argumento jurídico consiste no resultado da tensão entre duas dimensões de argumento: a primeira abarca o ajuste em relação ao que é aceito como direito estabelecido, enquanto a outra alega o sentido das questões substantivas de moralidade política, ou seja, de valor[91]. Portanto, a interpretação de qualquer ramo do Direito, entendida como o esforço do Estado em tratar as pessoas de modo igual[92], deve exprimir seu valor em termos políticos, demonstrando o melhor princípio ou política a que serve[93]. Nesta senda, afasta-se a possibilidade de aduzir a neutralidade do intérprete, vez que este deve se conduzir em compromisso com determinada concepção de justiça advinda do valor de sua interpretação[94].

O ponto do *Direito como Integridade* reside na ideia de que, ao se exigir o mesmo do Estado ou da comunidade – considerados como agentes

87. CATTONI DE OLIVEIRA, Marcelo Andrade. Ronald Dworkin: de que maneira o direito se assemelha a literatura? In: TRINDADE, André Karam; GUBERT, Roberta Magalhães; COPETTI NETO, Alfredo.(Org.) **Direito e literatura:** ensaios críticos. Porto Alegre: Livraria do Advogado, 2008.
88. GUEST, Stephen. **Ronald Dworkin.** Rio de Janeiro: Elsevier, 2010. p. 77.
89. DWORKIN, Ronald.**Uma questão de princípio.** São Paulo: Martins Fontes, 2005. p. 239
90. GUEST, Stephen. **Ronald Dworkin.** Rio de Janeiro: Elsevier, 2010. p. 77.
91. GUEST, Stephen. **Ronald Dworkin.** Rio de Janeiro: Elsevier, 2010. p. 52.
92. GUEST, Stephen. **Ronald Dworkin.** Rio de Janeiro: Elsevier, 2010. p. 60.
93. DWORKIN, Ronald.**Uma questão de princípio.** São Paulo: Martins Fontes, 2005. p. 239.
94. MOTTA, Francisco Jose Borges. **Levando o direito a sério:** uma crítica hermenêutica ao protagonismo judicial. Porto Alegre: Livraria do Advogado, 2012. p. 102.

morais, no sentido de que o Estado, mesmo quando seus cidadãos estejam divididos quanto à natureza exata dos princípios de equidade e de justiça, aja segundo um conjunto único e coerente de princípios –, transforma-se a integridade em um ideal político[95]. E, ao se aceitar a integridade como virtude política rente à justiça e à equidade, haverá um argumento geral e não estratégico para reconhecer os direitos juridicamente tutelados[96]. Em outras linhas, a integridade sintetiza uma virtude política – tanto quanto a justiça e a equidade – e uma exigência específica de moralidade política de um Estado, personificado como um agente moral que deve tratar os indivíduos com igual consideração e respeito[97].

As consequências da integridade, quando aceita como virtude política, podem ser práticas e também de natureza moral: práticas quando a sociedade política promove sua autoridade moral para assumir e mobilizar o monopólio da força coercitiva, protegendo a comunidade contra a parcialidade, a fraude e as outras formas de corrupção oficial[98] ou quando resulta na transformação orgânica operada pelo emprego de princípios nas decisões; e de natureza moral, por exemplo, quando se aceita que os julgamentos no Direito devem se ajustar às práticas institucionais e que os julgamentos pessoais também devem se ajustar a essas práticas, não apenas porque se deve supor a unidade da comunidade, mas porque essa unidade se fundamenta em princípios[99], presumindo-se que as atitudes políticas individuais tornam os indivíduos autores das decisões políticas tomadas pelos governantes[100].

Destarte, "a integridade política supõe uma personificação particularmente profunda da comunidade ou do Estado"[101] e compara a comunidade a uma personificação atuante, uma vez que "pressupõe que a comunidade pode adotar, expressar e ser fiel ou infiel a princípios próprios, diferentes daqueles de quaisquer de seus dirigentes ou cidadãos enquanto indivíduos"[102]. Ao aquiescer que as autoridades agem em nome de uma comunidade da qual somos todos membros – com uma responsabilidade que, portanto, se compartilha – reforça-se o caráter de culpa coletiva quando agem de modo injusto[103]. Consequentemente, o entendimento de Dworkin acerca da

---

95. DWORKIN, Ronald. **O império do direito**. São Paulo: Martins Fontes, 2014. p. 202.
96. DWORKIN, Ronald. **O império do direito**. São Paulo: Martins Fontes, 2014. p. 202-203.
97. MOTTA, Francisco Jose Borges. **Levando o direito a sério:** uma crítica hermenêutica ao protagonismo judicial. Porto Alegre: Livraria do Advogado, 2012. p. 104.
98. DWORKIN, Ronald. **O império do direito**. São Paulo: Martins Fontes, 2014. p. 229
99. GUEST, Stephen. **Ronald Dworkin.** Rio de Janeiro: Elsevier, 2010. p. 59.
100. DWORKIN, Ronald. **O império do direito**. São Paulo: Martins Fontes, 2014. p. 229-230.
101. DWORKIN, Ronald. **O império do direito**. São Paulo: Martins Fontes, 2014. p. 204.
102. DWORKIN, Ronald. **O império do direito**. São Paulo: Martins Fontes, 2014. p. 208.
103. DWORKIN, Ronald. **O império do direito**. São Paulo: Martins Fontes, 2014. p. 212.

comunidade é importante para a sua concepção de argumento jurídico[104], já que, em sua visão, quando se afirma que uma comunidade é fiel a seus próprios princípios em detrimento de uma moral convencional ou popular ou às crenças e às convicções da maioria dos cidadãos, reitera-se que ela abarca seus próprios princípios, os quais se pode honrar ou desonrar, assim como o fazem as pessoas em sua esfera privada[105].

A integridade, ao demandar de cada cidadão uma postura coerente com a organização comum da justiça com a qual se compromete em virtude da cidadania, promove a união da vida moral e política dos cidadãos, bem como amplia a dimensão moral das decisões políticas explícitas. Com isso, a obrigação política passa a representar para os cidadãos uma responsabilidade para com um sistema de princípios que lhes cabe identificar[106]. Nesse sentido, na perspectiva de Dworkin,

> Os membros de uma sociedade de princípios admitem que seus direitos e deveres políticos não se esgotam nas decisões particulares tomadas por suas instituições políticas, mas dependem, em termos mais gerais, do sistema de princípios que essas decisões pressupõem e endossam. Assim cada membro aceita que os outros têm direitos, e que ele tem deveres que decorrem desse sistema, ainda que nunca tenham sido formalmente identificados ou declarados [...]. Em resumo, cada um aceita a integridade política como um ideal político distinto, e trata a aceitação geral desse ideal, mesmo entre pessoas que de outra forma estariam em desacordo sobre a moral política, como um dos componentes da comunidade política[107].

Extrai-se, por conseguinte, que nesse entendimento ora esboçado reside a questão da comunidade de princípios: ela reafirma que as pessoas são membros de uma comunidade política genuína quando aceitam que são governadas por princípios comuns, de forma a não guiarem suas decisões com base em regras criadas meramente por um acordo político. Com efeito, a política torna-se uma arena de debates sobre os princípios que a comunidade deve adotar como sistema e quais ideais devem ser adotados quando se trata de justiça, de equidade e de devido processo legal.[108] Essa noção de que integramos uma comunidade de princípios legitima a coerção oficial no sentido de que aceita a promessa de que o direito será

104. GUEST, Stephen. **Ronald Dworkin.** Rio de Janeiro: Elsevier, 2010. p. 88.

105. DWORKIN, Ronald. **O império do direito**. São Paulo: Martins Fontes, 2014. p. 204.

106. DWORKIN, Ronald. **O império do direito**. São Paulo: Martins Fontes, 2014. p. 230.

107. DWORKIN, Ronald. **O império do direito**. São Paulo: Martins Fontes, 2014. p. 255.

108. DWORKIN, Ronald. **O império do direito**. São Paulo: Martins Fontes, 2014. p. 254.

escolhido, alterado, desenvolvido e interpretado de modo global e fundado em princípios[109].

A partir da adoção desse ideal, ocorre que a integridade pode ser categorizada em dois níveis: a uma, como princípio da integridade na legislação que informa os legisladores de que simples barganhas entre justiça e imparcialidade não estão corretas; a duas, como princípio da integridade no julgamento, que diz aos juízes e aos advogados que façam com que suas decisões e seus argumentos se integrem ao corpo do Direito existente[110]. O princípio da integridade no julgamento - do qual se ocupará esta pesquisa - "instrui os juízes a identificar direitos e deveres legais, até onde for possível, a partir do pressuposto de que foram todos criados por um único autor - a comunidade personificada -, expressando uma concepção coerente de justiça e equidade"[111].

Na premissa do *Direito como Integridade*, as proposições jurídicas são verdadeiras "se decorrerem de princípios de moralidade pessoal e política que ofereçam a melhor interpretação das outras proposições de direito geralmente tratadas como verdadeiras na prática jurídica contemporânea"[112] - ou melhor, se constarem ou se derivarem dos princípios de justiça, equidade e devido processo legal que propiciem a melhor interpretação construtiva da prática jurídica da comunidade. A decisão que consagra a garantia de direitos reflete-se como a melhor luz da prática jurídica a partir do momento em que se pressupõe que a comunidade aceitou o princípio que garante tal direito[113].

Não obstante, a integridade não exige coerência de princípio em todas as etapas históricas do direito de uma comunidade. A coerência se dá de forma horizontalizada ao longo de toda a gama de normas jurídicas que a comunidade faz vigorar. Insiste que o direito contém não apenas o limitado conteúdo explícito das decisões do passado, mas também, em sentido mais amplo, o sistema de princípios necessários a sua justificação[114].

Por consequência, o *Direito como Integridade* apenas se volta para o passado quando o seu enfoque contemporâneo assim o determina, pretendendo justificar a atividade dos primeiros políticos, facultando-se o emprego de seus argumentos, bem como se demonstrando que "a prática atual pode ser organizada e justificada por princípios suficientemente atraentes para oferecer um futuro honrado". Portanto, os princípios se ajustam a certa parte complexa

109. DWORKIN, Ronald. **O império do direito**. São Paulo: Martins Fontes, 2014. p. 258.
110. GUEST, Stephen. **Ronald Dworkin.** Rio de Janeiro: Elsevier, 2010. p. 51.
111. DWORKIN, Ronald. **O império do direito**. São Paulo: Martins Fontes, 2014. p. 271.
112. DWORKIN, Ronald. **A justiça de toga** São Paulo; WMF Martins Fontes, 2010. p. 22.
113. DWORKIN, Ronald. **O império do direito**. São Paulo: Martins Fontes, 2014. p. 271-272.
114. DWORKIN, Ronald. **O império do direito**. São Paulo: Martins Fontes, 2014. p. 274.

da prática jurídica e a justificam, oferecendo uma maneira atraente de ver na estrutura da prática a coerência de princípio que a integridade requer[115].

No entendimento de Dworkin, a interpretação criativa – categoria em que está inserida a interpretação do direito – vai buscar sua estrutura formal na ideia de intenção, vez que pretende impor um propósito ao texto, aos dados ou às tradições ora interpretadas. Sendo assim, o juiz é igualmente autor e crítico, pois introduz acréscimos na tradição que aprecia[116].

Eis mais uma vez a metáfora do romance em cadeia: o intérprete/romancista deve adotar um ponto de vista sobre o romance que se forma aos poucos, não como um novo começo, mas como continuidade. Sua construção deve ser testada em duas dimensões: uma da adequação, para que sua interpretação flua durante todo o texto e agregue poder explicativo geral; e outra de justificação, que determina qual das leituras possíveis melhor se encaixa na obra[117].

Tem-se que é justamente nessa segunda dimensão que, para Dworkin, as questões substantivas se inserem no processo interpretativo, haja vista ser esse o exato momento em que se introduzem os juízos estéticos mais profundos sobre a importância, o discernimento, o realismo ou a beleza das diferentes ideias que se poderia esperar que o romance expressasse[118], juízos os quais não se desprendem, contudo, das questões formais atinentes à primeira dimensão, determinante quando mais de uma leitura parece encaixar-se ao romance e qual será aquela que melhor se ajusta ao todo ou ao conteúdo. A metáfora se mostra significativa, pois abarca os limites das convicções do romancista/intérprete. No Direito, as convicções sobre adequação residem em limiar que pode ser controverso, cuja resolução reside na história política da comunidade acerca da interpretação de alguma parte do Direito a que deve atender para que seja considerada aceitável.

No tocante à questão da justificação, tem-se que esta ocorre quando a análise preliminar de um juiz não conseguir fazer prevalecer uma dentre as suas interpretações da lei ou do julgado; compete-lhe, então, escolher entre as interpretações aceitáveis, questionando-se qual delas se apresenta como a melhor luz, do ponto de vista da moral política, da estrutura das instituições e das decisões da comunidade. Nesta senda, "sua decisão vai refletir não apenas suas opiniões sobre a justiça e a equidade, mas suas convicções de ordem superior sobre a possibilidade de acordo entre esses ideais quando competem entre si"[119].

---

115. DWORKIN, Ronald. **O império do direito**. São Paulo: Martins Fontes, 2014. p. 274.
116. DWORKIN, Ronald. **O império do direito**. São Paulo: Martins Fontes, 2014. p. 275.
117. DWORKIN, Ronald. **O império do direito**. São Paulo: Martins Fontes, 2014. p. 277-278.
118. DWORKIN, Ronald. **O império do direito**. São Paulo: Martins Fontes, 2014. p. 278.
119. DWORKIN, Ronald. **O império do direito**. São Paulo: Martins Fontes, 2014. p. 305-306.

As diferentes dimensões do trabalho de um juiz são sensíveis a seu juízo político. Suas convicções sobre adequação, seja na primeira dimensão ou seja em competição com o conteúdo, são políticas e não mecânicas. Por conseguinte, os juízes divergirão sobre aquilo que é o Direito de sua comunidade[120], mas o compromisso com a integridade, quando para os juízes os ideais da equidade e da justiça entrarem em conflito, os impedirá de decidir livre e arbitrariamente a solução do conflito[121]. Essa restrição à substância se situa na dimensão da adequação, o que, portanto, representa a limitação de um tipo de convicção política a outro na avaliação geral sobre qual interpretação torna uma manifestação de atividade política a melhor possível em termos gerais, considerando-se todos os aspectos[122].

Ademais, o *Direito como Integridade* compele os juízes a admitir, tanto quanto possível, que o Direito é estruturado por um conjunto coerente de princípios que devem ser aplicados nos novos casos que se apresentem, a fim de que as situações individuais sejam justas e equitativas, segundo as mesmas normas. Essa coerência de princípio se associa à doutrina da responsabilidade política, na qual se entendem os direitos políticos como criações tanto da história quanto da moralidade[123], de forma que as decisões judiciais os efetivem, inspiradas por princípios, e não por política[124]. De acordo com o pensamento de Dworkin, o juiz tem o dever, mesmo nos casos difíceis, de descobrir os direitos das partes, abstendo-se de inovar no ordenamento jurídico e de aplicar essas novas regras retroativamente ao caso concreto, como defendem os positivistas jurídicos[125].

"Os juízes devem fazer novos julgamentos sobre o direito das partes que a eles se apresentam, mas esses direitos políticos antes refletem as decisões políticas tomadas no passado que a elas se opõe" [126]. Consequentemente, uma interpretação visa a evidenciar aquilo que é lido à sua melhor luz possível, e, por conseguinte, em se tratando de qualquer parte do Direito, deve levar em consideração não somente a substância das decisões tomadas por autoridades anteriores, mas também o modo como se executaram. A partir da concepção de *Direito como Integridade*, os juízes têm responsabilidade para com a comunidade de princípios, isto é, devem argumentar com base nos princípios, assim procedendo em detrimento de decisões fundamentadas em

120. DWORKIN, Ronald. **O império do direito**. São Paulo: Martins Fontes, 2014. p. 306.
121. DWORKIN, Ronald. **O império do direito**. São Paulo: Martins Fontes, 2014. p. 307.
122. DWORKIN, Ronald. **O império do direito**. São Paulo: Martins Fontes, 2014. p. 307-308.
123. MOTTA, Francisco Jose Borges. **Levando o direito a sério:** uma crítica hermenêutica ao protagonismo judicial. Porto Alegre: Livraria do Advogado, 2012. p. 107.
124. DWORKIN, Ronald. **Levando os direitos a sério.** São Paulo WMF Martins Fontes, 2010. p. 133.
125. DWORKIN, Ronald. **Levando os direitos a sério.** São Paulo WMF Martins Fontes, 2010. p. 127.
126. DWORKIN, Ronald. **Levando os direitos a sério.** São Paulo WMF Martins Fontes, 2010. p. 136.

políticas, também sendo-lhes exigível que esclareçam por quais motivos as partes têm direitos ou deveres legais não positivados que foram aplicados[127].

Depreende-se dessa articulação que a argumentação que se utiliza de princípios pode oferecer justificação para uma decisão particular, segundo a doutrina da responsabilidade, somente quando demonstrável a compatibilidade com decisões anteriores que não foram reformadas e com decisões que a instituição está preparada para tomar em circunstâncias hipotéticas. No caso de argumentos de política, não aconteceria o mesmo, haja vista que ao descrever um objetivo, juízes ou legisladores não necessitariam de coerência nem com as decisões passadas nem com as futuras, vez que não precisariam ser compreendidas como sustentação da mesma política, diferentemente do que ocorre com os argumentos de princípio[128].

A coerência, pois, significa "coerência na aplicação do princípio que se tomou por base, e não apenas na aplicação da regra específica anunciada em nome desse princípio"; as regras devem ser consistentes com os princípios que balizam uma decisão[129]. Para confirmar a aplicação prática de sua teoria, Dworkin permitiu-se mais uma metáfora: a do Juiz Hércules, um jurista de sabedoria, de paciência e de sagacidade sobre-humanas que ilustra tarefas inerentes à jurisdição. Entre outras atribuições, compete-lhe construir um sistema de princípios abstratos e concretos que forneça justificação coerente a todos os precedentes do Direito costumeiro e também esquemas que justifiquem as disposições constitucionais e legislativas[130]. Sua extraordinária capacidade não é voltada à introspecção, mas à compreensão do Direito como totalidade, o que indubitavelmente implica levar em consideração a história institucional e aquilo que os demais juízes do passado e do presente fizeram para além da produção legislativa.

Uma vez que Hércules assim procede em seu ofício, não pode ser considerado como alguém que decida sozinho[131]. Na verdade, ele figura como réplica de Dworkin à discricionariedade, a partir de quem se examinam melhores respostas em Direito. Logo, as tarefas de Hércules contemplam as mesmas de todos os juristas que tenham a pretensão de defender um Direito justo, íntegro e coerente[132]; mas como na prática deveriam ser tomadas essas decisões?

---

127. DWORKIN, Ronald. **O império do direito**. São Paulo: Martins Fontes, 2014. p. 292.
128. DWORKIN, Ronald. **Levando os direitos a sério**. São Paulo WMF Martins Fontes, 2010. p. 137-138.
129. DWORKIN, Ronald. **Levando os direitos a sério**. São Paulo WMF Martins Fontes, 2010. p. 139.
130. DWORKIN, Ronald. **Levando os direitos a sério**. São Paulo WMF Martins Fontes, 2010. p. 182.
131. MOTTA, Francisco Jose Borges. **Levando o direito a sério:** uma crítica hermenêutica ao protagonismo judicial. Porto Alegre: Livraria do Advogado, 2012. p. 78.
132. MOTTA, Francisco Jose Borges. **Levando o direito a sério:** uma crítica hermenêutica ao protagonismo judicial. Porto Alegre: Livraria do Advogado, 2012. p. 79.

2.3 O fundamento político do Direito: a leitura moral da Constituição e a questão do aborto

Dworkin advoga que "as decisões que os juízes tomam devem ser políticas em algum sentido"[133], num pressuposto intimamente atrelado à concepção de Estado de Direito por ele defendida - qual seja, uma visão centrada nos direitos[134]. Tal pressuposto também "exige, como parte do ideal do Direito, que o texto legal retrate os direitos morais e os aplique" e presume a existência de direitos e de deveres morais dos cidadãos entre si e de direitos políticos perante o Estado como um todo. Insiste ainda que esses direitos morais e políticos sejam reconhecidos no Direito positivo, para que possam ser impostos quando exigidos por cidadãos individuais, "por meio de tribunais e outras instituições judiciais do tipo conhecido"[135]. E é com base no ideal de Direito centrado em direitos que posturas quanto às prestações jurisdicionais serão formuladas, devendo um juiz que segue essa concepção, num caso controverso, tentar idealizar algum princípio que, em sua percepção, capte os direitos morais das partes que são pertinentes ao caso em questão, de forma que tal princípio não seja incompatível com a legislação[136]. Nesse contexto, Dworkin arremata:

> Assim, um juiz que segue a concepção centrada nos direitos não deve decidir um caso controverso recorrendo a qualquer princípio que seja incompatível com o repertório legal de sua jurisdição. Mas, ainda assim, deve decidir muitos casos com base em fundamentos políticos, pois, nesses casos, os princípios morais contrários diretamente em questão são, cada um deles, compatíveis com a legislação[137].

A premissa instiga o questionamento acerca da legitimidade do Judiciário para decidir questões políticas, uma vez que os juízes não são eleitos para seus cargos e não deveriam tomar decisões independentes no que diz respeito a modificar ou a expandir o repertório legal, "pois essas decisões somente devem ser tomadas sob o controle popular"[138]. Dworkin a conceitua, por fim, como *argumento da democracia* e o atrela à defesa da estabilidade política e da capacidade de o Legislativo tomar decisões políticas com maior exatidão e, principalmente, à equidade.

Ocorre que, nos dizeres de Dworkin, "os legisladores não estão, institucionalmente, em melhor posição que os juízes para decidir questões

133. DWORKIN, Ronald. **Uma questão de princípio**. São Paulo: Martins Fontes, 2005. p.3.
134. DWORKIN, Ronald. **Uma questão de princípio**. São Paulo: Martins Fontes, 2005. p.7.
135. DWORKIN, Ronald. **Uma questão de princípio**. São Paulo: Martins Fontes, 2005. p.7.
136. DWORKIN, Ronald. **Uma questão de princípio**. São Paulo: Martins Fontes, 2005. p.15.
137. DWORKIN, Ronald. **Uma questão de princípio**. São Paulo: Martins Fontes, 2005. p.16.
138. DWORKIN, Ronald. **Uma questão de princípio**. São Paulo: Martins Fontes, 2005. p. 17.

sobre direitos"[139], tendo em vista a constante pressão política que grupos politicamente poderosos exercem sob os legisladores. Ainda, muito embora a insatisfação com determinada decisão judicial com frequência esteja associada à crítica ao emprego de argumentos de política e, por consequência, à instituição que a produziu, não se pode afirmar que desse fato decorra o aumento da desobediência a tais decisões[140]. A partir dessa construção, começam a se delinear as razões pelas quais Dworkin concebe a democracia como um empreendimento em parceria no qual as decisões da maioria não são, só por esse fato, legítimas, fazendo-se necessário que as decisões atendam a certas condições, por meio das quais se garanta a preservação da dignidade de todos os atingidos – em especial, os integrantes das minorias[141].

É justamente em razão da equidade – ou seja, de que a democracia pressupõe igualdade de poder político – que a concepção dworkiniana de democracia ganha relevância. Ao assumir que "nenhuma democracia proporciona igualdade genuína de poder político"[142], Dworkin reconhece a inexistência de paridade na disputa pela garantia de direitos individuais entre grupos com mais e menos poder político. Depreende, pela concepção de Estado de Direito centrada nos direitos, que os indivíduos teriam "o direito de exigir, como indivíduos, um julgamento específico acerca de seus direitos"[143] que, uma vez reconhecidos por um Tribunal, passariam a ser exercidos, "a despeito do fato de nenhum Parlamento ter tido tempo ou vontade de impô-los"[144]. Nessa senda,

> Membros de minorias organizadas, teoricamente, têm mais a ganhar com a transferência [das decisões para o âmbito do judiciário], pois o viés majoritário do legislativo funciona mais severamente contra eles, e é por isso que há mais probabilidade de que seus direitos sejam ignorados nesse fórum. Se os tribunais tomam a proteção de direitos individuais como sua responsabilidade especial, então as minorias ganharão em poder político, na medida em que o acesso aos tribunais é efetivamente possível e na medida em que as decisões dos tribunais sobre seus direitos são efetivamente fundamentadas[145].

---

139. DWORKIN, Ronald. **Uma questão de princípio**. São Paulo: Martins Fontes, 2005. p. 27.
140. DWORKIN, Ronald. **Uma questão de princípio**. São Paulo: Martins Fontes, 2005. p. 29.
141. MOTTA, Francisco José Borges. Dworkin e a decisão jurídica democrática: a leitura moral da Constituição e o Novo Código de Processo Civil. In: OMMATI, José Emílio Medauar. **Ronald Dworkin e o direito brasileiro.** Rio de Janeiro: Lumen Juris, 2016. p.259-260.
142. DWORKIN, Ronald. **Uma questão de princípio**. São Paulo: Martins Fontes, 2005. p. 31.
143. DWORKIN, Ronald. **Uma questão de princípio**. São Paulo: Martins Fontes, 2005. p. 31.
144. DWORKIN, Ronald. **Uma questão de princípio**. São Paulo: Martins Fontes, 2005. p. 31.
145. DWORKIN, Ronald. **Uma questão de princípio**. São Paulo: Martins Fontes, 2005. p. 32.

O fórum do princípio, sustentáculo da concepção centrada nos direitos como ideal político, assim confirma que a justiça configura uma questão de direito individual, não somente do bem público[146]; apesar de não ser possível o comprometimento com a certeza das decisões, assegura que as reivindicações dos indivíduos serão constante e seriamente consideradas a seu pedido, reforçando o senso de justiça e o ideal sob o qual estão enraizados os valores políticos da democracia e do Estado de Direito de que o governo irá tratar as pessoas como iguais[147].

Outrossim, o objetivo democrático de igualdade de status respalda o posicionamento adotado por Dworkin no debate de questões constitucionais, ao defender o método da leitura moral da constituição a partir do qual insere a moralidade política e as incertezas no âmago do Direito Constitucional, por meio de uma leitura que propõe que juízes, advogados e cidadãos interpretem os dispositivos abstratos que expõem os direitos dos indivíduos perante o governo e os apliquem considerando que fazem referência a princípios morais de decência e de justiça[148]. Essa assertiva conduz o desenvolvimento de um significado sofisticado de democracia central na teoria de Dworkin, que, combatendo a premissa majoritária, representa a prática constitucional norte-americana.

Em seu pensamento, o ideal norte-americano de um governo se sujeita não somente à lei, mas também aos princípios, sendo considerado como a contribuição mais importante dada pelos norte-americanos à teoria política[149], decorrendo dessa concepção a possibilidade da leitura moral da Constituição. Infere que os princípios contidos na Declaração de Direitos comprometem os Estados Unidos com os seguintes ideais políticos e jurídicos:

> O Estado deve tratar todas as pessoas sujeitas a seu domínio como dotadas do mesmo status moral e político; deve tentar, de boa-fé, tratar todas com a mesma consideração (*equal concern*); e deve respeitar todas e quais quer liberdades individuais que forem para esses fins, entre as quais (mas não somente) as liberdades mais especificamente declaradas no documento, como a liberdade de expressão e a liberdade de religião[150].

---

146. DWORKIN, Ronald. **Uma questão de princípio**. São Paulo: Martins Fontes, 2005. p. 39.
147. DWORKIN, Ronald. **Uma questão de princípio**. São Paulo: Martins Fontes, 2005. p. 38.
148. DWORKIN, Ronald. **O direito da liberdade:** a leitura moral da Constituição norte-americana. São Paulo: Martins Fontes, 2006. p. 2.
149. DWORKIN, Ronald. **O direito da liberdade:** a leitura moral da Constituição norte-americana. São Paulo: Martins Fontes, 2006. p. 9.
150. DWORKIN, Ronald. **O direito da liberdade:** a leitura moral da Constituição norte-americana. São Paulo: Martins Fontes, 2006. p. 11.

Extrai-se, pois, que cumpre aos juízes interpretar a Constituição e consequentemente aplicar princípios – em oposição ao que preconizam os originalistas, cuja concepção de correta interpretação está intimamente relacionada à intenção original dos autores do texto constitucional. Dworkin luta pela fidelidade ao texto constitucional e propugna que juristas e juízes devem buscar a integridade constitucional – ou a interpretação adequada que toma como objeto tanto o texto quanto a prática do passado, tentando unificar fontes distintas e oferecendo diretrizes para decisões futuras[151].

A leitura moral, ao exigir que os juízes estabeleçam juízos atuais de moralidade política, encoraja juristas e juízes a interpretarem a Constituição abstrata à luz de sua concepção de justiça. Contudo, a fidelidade ao texto constitucional e ao Direito pressupõe a demonstração das verdadeiras bases formadoras de juízos com o intuito de permitir maior participação popular nas discussões, esperando que os juízes elaborem argumentos mais sinceros e fundamentados em princípio, de forma a serem combatidas possíveis arbitrariedades[152].

Destarte, Dworkin sinaliza a possibilidade de que se alcance uma solução coletiva para as questões de controvérsia política de maneira que ela possa ser aceita com dignidade por todos. Sua análise acerca do debate sobre o aborto nos Estados Unidos exemplifica essa assertiva, ao defender o ponto de que, na realidade, esse debate se centra não na questão polarizada acerca dos direitos e dos interesses do feto, mas na discussão sobre como e por quais motivos a vida humana tem valor intrínseco e quais são as implicações dessa questão nas decisões pessoais e políticas sobre o aborto[153].

Corriqueiramente é atribuída natureza beligerante ao debate sobre o aborto nos Estados Unidos, em razão da forma como lá foi criado esse direito – a partir de um decreto do Supremo Tribunal. No entanto, cumpre rememorar que o Tribunal tem o poder de declarar inconstitucionais as leis adotadas pelo Congresso ou por qualquer Estado quando em desacordo com as restrições que a Constituição impõe ao governo, observando-se que uma vez manifestada a decisão do Supremo Tribunal, nenhuma outra instância governamental pode se contrapor à sua decisão, por maior que seja a desaprovação popular[154].

---

151. DWORKIN, Ronald. **A justiça de toga**. São Paulo: Martins Fontes, 2010. p. 168.

152. DWORKIN, Ronald. **O direito da liberdade:** a leitura moral da Constituição norte-americana**.** São Paulo: Martins Fontes, 2006. p. 57.

153. DWORKIN, Ronald. **Domínio da vida:** aborto, eutanásia e liberdades individuais. São Paulo: Martins Fontes, 2009. p. 33.

154. DWORKIN, Ronald. **Domínio da vida:** aborto, eutanásia e liberdades individuais. São Paulo: Martins Fontes, 2009. p. 6.

Urge citar o emblemático caso Roe *versus* Wade, em que a Suprema Corte norte-americana, por sete votos contra dois, declarou que a legislação do Texas – criminalizante do aborto, à exceção de quando praticado para salvar a vida da mãe – era inconstitucional e que qualquer lei estadual que proibisse o aborto para proteger o feto nos dois primeiros trimestres de gravidez era inconstitucional, podendo somente os Estados vetar o aborto com esse fundamento após o terceiro trimestre[155]. A decisão, como era de se esperar, causou grande controvérsia pública, unindo grupos religiosos e conservadores *pró-vida* que passaram a se mobilizar politicamente com o intuito de revertê-la.

Dentre os argumentos levantados, destacou-se o de que o feto já seria, desde o momento de sua concepção, uma pessoa em sua plenitude moral, com direitos e interesses que devem ser protegidos pelo Estado. Em termos políticos, o debate acabou por limitar-se e girar em torno dos elementos trazidos nesse argumento, quais sejam, (i) o de que o feto possui status de pessoa constitucional; e (ii) de que deve ser considerado uma pessoa moral. Derivam-se desses pontos questões controversas como *qual seria o momento de início da vida, qual seria o momento em que o feto passa a ter interesses próprios* e *se existiriam conflitos entre os direitos do feto e os da gestante.*

Contudo, no pensamento dworkiniano, o debate funda-se no argumento de que a vida humana tem valor intrínseco e que, como corolário dessa afirmação, é possível assumir ser um erro por fim a uma vida, mesmo quando não estão em jogo os interesses de ninguém[156], argumento esse que está por trás dos discursos tanto de liberais quanto de conservadores quando diante da controvérsia, desde o âmbito da moral individual, alcançando as instituições. Decorre então desse pressuposto o questionamento de moral política acerca de que qualquer comunidade politizada deva fazer dos valores intrínsecos uma questão de decisão coletiva, e não de escolha individual[157].

Dworkin assim edifica seu argumento pelo ideal da sacralidade da vida humana, de seu valor em si, apreendendo-a como intrinsecamente valiosa, "se seu valor for independente daquilo que as pessoas apreciam, desejam ou necessitam, ou do que é bom para elas"[158], ou seja, simplesmente porque

155. DWORKIN, Ronald. **Domínio da vida:** aborto, eutanásia e liberdades individuais. São Paulo: Martins Fontes, 2009. p. 7.

156. DWORKIN, Ronald. **Domínio da vida:** aborto, eutanásia e liberdades individuais. São Paulo: Martins Fontes, 2009. p. 47.

157. DWORKIN, Ronald. **Domínio da vida:** aborto, eutanásia e liberdades individuais. São Paulo: Martins Fontes, 2009. p. 35.

158. DWORKIN, Ronald. **Domínio da vida:** aborto, eutanásia e liberdades individuais. São Paulo: Martins Fontes, 2009. p. 99.

existe[159], ou ainda "quando sua destruição deliberada desonra o que deve ser honrado"[160]. Os processos através dos quais a sacralidade opera em determinada cultura ou pessoa podem se realizar por associação – quando o valor de um objeto está associado a uma entidade – ou por outro valor, como ocorre com a bandeira norte-americana, por exemplo, cujo valor está associado à vida da nação[161]; ou por sua história, quando o modo como o objeto veio a existir determina seu valor, como ilustram as obras de arte e a conservação das espécies[162].

Ademais, independentemente da adoção de um posicionamento fundamentado na evolução das espécies ou na razão da criação divina, "o fato de que a espécie humana deve sobreviver e prosperar é uma premissa inarticulada, inquestionável e quase despercebida, mas ainda assim reina absoluta em nosso planejamento político e econômico"[163]. Todavia, vale admitir que há graus do sagrado e que as convicções acerca da inviolabilidade das coisas são seletivas e, "como seria de se esperar, nossas seleções são configuradas por nossas necessidades e as refletem, e, de maneira recíproca, configuram e são configuradas por outras opiniões que temos"[164].

Portanto, a afirmação de que "conservadores e liberais pressupõem que, embora o aborto seja sempre moralmente problemático e quase sempre moralmente condenável, é pior em algumas ocasiões do que em outras"[165], infere que existem graus de iniquidade na perda de uma vida humana, os quais, na observação de Dworkin, concernem ao "desperdício dos investimentos criativos naturais e humanos que constituem a história de uma vida normal", o que ocorre com a frustração da progressão com a morte – prematura ou não[166] – o que resumiria o ponto que une a maioria das pessoas quanto à questão do aborto[167].

---

159. DWORKIN, Ronald. **Domínio da vida:** aborto, eutanásia e liberdades individuais. São Paulo: Martins Fontes, 2009. p. 102.
160. DWORKIN, Ronald. **Domínio da vida:** aborto, eutanásia e liberdades individuais. São Paulo: Martins Fontes, 2009. p. 103.
161. DWORKIN, Ronald. **Domínio da vida:** aborto, eutanásia e liberdades individuais. São Paulo: Martins Fontes, 2009. p. 103.
162. DWORKIN, Ronald. **Domínio da vida:** aborto, eutanásia e liberdades individuais. São Paulo: Martins Fontes, 2009. p. 104-109.
163. DWORKIN, Ronald. **Domínio da vida:** aborto, eutanásia e liberdades individuais. São Paulo: Martins Fontes, 2009. p. 106.
164. DWORKIN, Ronald. **Domínio da vida:** aborto, eutanásia e liberdades individuais. São Paulo: Martins Fontes, 2009. p. 111-112.
165. DWORKIN, Ronald. **Domínio da vida:** aborto, eutanásia e liberdades individuais. São Paulo: Martins Fontes, 2009. p. 117.
166. DWORKIN, Ronald. **Domínio da vida:** aborto, eutanásia e liberdades individuais. São Paulo: Martins Fontes, 2009. p. 122.
167. DWORKIN, Ronald. **Domínio da vida:** aborto, eutanásia e liberdades individuais. São Paulo: Martins Fontes, 2009. p. 124.

O que sustentaria as divergências sobre a questão do aborto seriam, então, as "diferenças profundas quanto à importância moral relativa das contribuições natural e humana à inviolabilidade das vidas humanas individuais"[168], com os extremos dos posicionamentos possíveis representados pela preponderância do investimento biológico, de um lado, e do investimento humano, do outro[169]. Por consequência, para Dworkin,

> Os conservadores e os liberais divergem não porque um dos lados rejeite totalmente um valor que o outro considera fundamental, mas porque adotam posições distintas - quando não drasticamente distintas - quanto à importância relativa desses valores, que ambos admitem ser fundamentais e profundos[170].

No que se refere às exceções resultantes de "concessões mútuas e conciliações" inerentes à busca do equilíbrio, o teórico aduz que enquanto aqueles que adotam posturas mais conservadoras podem, por exemplo, admitir exceções quanto à prática de aborto em casos de estupro – mesmo defendendo o investimento divino ou natural na vida humana –, os liberais, que tendem a ser mais permissivos no que concerne às exceções ao princípio de que o aborto é condenável, asseveram sua permissão quando "o nascimento de um feto resulta em um efeito deletério sobre a qualidade de vida". Torna-se aceitável o aborto, então, para os liberais moderados, sob o argumento de que um feto que venha a nascer possa viver uma vida repleta de frustrações, ou para os mais radicais, sob a premissa dos efeitos da gravidez e do parto sobre a vida das mães e de outros membros da família[171].

Isso posto, depreende-se a inexistência de fórmulas para a tomada de decisões concretas, sendo possível apenas, na melhor das hipóteses, esquematizar a estrutura argumentativa que direciona pessoas a determinadas decisões. Entretanto, efetuar a leitura dos argumentos sob a perspectiva dworkiniana de que o aborto simboliza uma questão moral acerca da sacralidade da vida humana ajuda a perceber que, no fundo, as divergências tangem à "natureza espiritual", o que deveria contribuir para a "ideia de que a comunidade real é possível a despeito de tantas e tão profundas divisões religiosas"[172].

---

168. DWORKIN, Ronald. **Domínio da vida:** aborto, eutanásia e liberdades individuais. São Paulo: Martins Fontes, 2009. p. 126.
169. DWORKIN, Ronald. **Domínio da vida:** aborto, eutanásia e liberdades individuais. São Paulo: Martins Fontes, 2009. p. 127.
170. DWORKIN, Ronald. **Domínio da vida:** aborto, eutanásia e liberdades individuais. São Paulo: Martins Fontes, 2009. p. 130.
171. DWORKIN, Ronald. **Domínio da vida:** aborto, eutanásia e liberdades individuais. São Paulo: Martins Fontes, 2009. p. 129-139.
172. DWORKIN, Ronald. **Domínio da vida:** aborto, eutanásia e liberdades individuais. São Paulo: Martins Fontes, 2009. p. 138-139.

Retomando-se o caso Roe *versus* Wade, Dworkin examina os argumentos constitucionais que fundamentaram e convenceram os juízes a decidir da forma como o fizeram. A existência de duas formas de garantias constitucionais de limitação do poder de um Estado de causar danos substanciais aos cidadãos – uma fundada na cláusula de "processo legal justo, da Décima Quarta Emenda que exige que um Estado aja racionalmente sempre que restringir a liberdade", e outra, na impossibilidade de os Estados restringirem ou revogarem os direitos constitucionais específicos, exceto que tenham uma razão inexorável – foram o pano de fundo dos posicionamentos dos juízes Blackmun (pró-aborto) e Rehnquist (contrário)[173].

A sentença do juiz Blackmun declarou a existência do Direito Constitucional específico da mulher grávida à privacidade[174], de forma que as razões para que um Estado anulasse tal direito não fossem inexoráveis até o sexto mês de gravidez, enquanto o juiz Rehnquist defendeu que as mulheres possuíam apenas interesse de liberdade protegido pelo critério de racionalidade – forte o bastante somente para garantir a inconstitucionalidade de leis que proibissem o aborto quando necessário para salvar a vida da mãe[175]. A adoção de tais posicionamentos pelos juízes retoma a questão anteriormente tratada sobre a forma como se compreende a Constituição norte-americana, a partir da leitura como a do juiz Rehnquist, baseada no originalismo, ou como a do juiz Blackmun, na fidelidade.

---

173. DWORKIN, Ronald. **Domínio da vida:** aborto, eutanásia e liberdades individuais. São Paulo: Martins Fontes, 2009. p. 144-145.

174. As feministas encabeçaram as manifestações contrárias a legislação antiaborto nos Estados Unidos da América e, acerca da decisão do caso Roe *versus* Wade, algumas delas insistem que apesar de alcançar um resultado positivo, o fez por meio de um fundamento errado, o que acaba por culminar no detrimento e não no benefício das mulheres. A discussão se dá acerca do emprego do princípio da privacidade na fundamentação da decisão que, para algumas feministas, deveria ceder espaço ao princípio da igualdade, uma vez que o ideal de privacidade está ligado ao entendimento de que as mulheres têm o poder de decidir tanto em questões privadas, quanto públicas, o que na verdade, diante das pressões exercidas pelo patriarcado, não ocorre. Dworkin apresenta os dois argumentos contrários ao fundamento da privacidade levantados pela professora feminista Catharine MacKinnon de que (i) "insistir que o sexo e uma questão privada implica que o governo não tem nenhuma preocupação legitima com o que acontece com as mulheres por trás da porta do quarto" e (ii) de que, uma vez sendo um assunto privado, o governo não possui responsabilidade nenhuma em ajudar a financiar o aborto de mulheres pobres; contudo os rebate dizendo que eles são pouco convincentes e "não chegam ao âmago da questão" DWORKIN, Ronald. **Feminism and abortion**. In: The New York Review of books.Jun/1993. Disponível em: http://www.nybooks.com/articles/1993/06/10/feminism-and--abortion/. Acesso em: 03 dez de 2017. e DWORKIN, Ronald. **Domínio da vida:** aborto, eutanásia e liberdades individuais. São Paulo: Martins Fontes, 2009. p. 70-78. Diante do que é defendido no presente trabalho, que os discursos dos movimentos sociais consubstanciam uma forma de garantir a tomada de decisões corretas por meio de seu potencial reflexivo, faz-se necessário referir que discordamos do ponto defendido por Dworkin de que os argumentos feministas não possuem peso no debate público sobre o aborto.

175. DWORKIN, Ronald. **Domínio da vida:** aborto, eutanásia e liberdades individuais. São Paulo: Martins Fontes, 2009. p. 145.

A ideia de que o Supremo Tribunal é "obrigado a proferir sentenças coerentes, na medida do possível, com as grandes tradições constitucionais estabelecidas e respeitadas em suas sentenças anteriores"[176] garante à decisão do juiz Blackmun um bom fundamento, uma vez que ele citou o precedente Griswold *versus* Connecticut, de 1965, em cuja decisão, aparentemente aceita pelo povo norte-americano, o Tribunal já havia estabelecido o Direito Constitucional específico de pessoas tomarem decisões próprias em questões relativas à procriação, embora pudesse o Estado apresentar uma razão inexorável para restringir o Direito Constitucional da mulher à privacidade [177].

Logo, a referida razão inexorável contemplaria, de modo geral, a necessidade de proteção à vi4da humana, o que se reiterava pelos preâmbulos das leis que regulamentavam a questão, pelas peças forenses, pela retórica pública e até mesmo pelos juízes do Tribunal, que posteriormente assumiram que a decisão do caso Roe *versus* Wade fora um erro[178]. Os propósitos que um governo poderia reivindicar diante dessa razão são ambíguos na medida em que podem se fundar em um interesse derivativo em proteger a vida humana - de que o governo deve proteger os interesses e os direitos do feto a partir de sua concepção - ou em um interesse independente de proteção da vida humana - de que se deve proteger a vida humana como algo sagrado[179].

Já no começo de sua argumentação, o juiz Blackmun, sob o argumento de que o Direito norte-americano jamais considerara fetos como pessoas constitucionais, decidiu preliminarmente que o feto não pode ser considerado uma pessoa constitucional, o que foi tido como correto por grande parte dos juristas, com exceção daqueles que advogaram que o Tribunal deveria ter deixado os Estados livres para decidir sobre o aborto do modo mais conveniente, o que só seria viável se a leitura da Constituição ocorresse no sentido de que os Estados devessem apresentar argumentos inexoráveis para a não proibição do aborto - o que, diante da existência de leis liberais que, até então, não tinham sido consideradas inconstitucionais nem mesmo pelos grupos políticos mais contrários ao aborto e sequer pelos Tribunais, pareceria incoerente[180].

---

176. DWORKIN, Ronald. **Domínio da vida:** aborto, eutanásia e liberdades individuais. São Paulo: Martins Fontes, 2009. p. 146.
177. DWORKIN, Ronald. **Domínio da vida:** aborto, eutanásia e liberdades individuais. São Paulo: Martins Fontes, 2009. p. 146-148.
178. DWORKIN, Ronald. **Domínio da vida:** aborto, eutanásia e liberdades individuais. São Paulo: Martins Fontes, 2009. p. 149.
179. DWORKIN, Ronald. **Domínio da vida:** aborto, eutanásia e liberdades individuais. São Paulo: Martins Fontes, 2009. p. 126.
180. DWORKIN, Ronald. **Domínio da vida:** aborto, eutanásia e liberdades individuais. São Paulo: Martins Fontes, 2009. p. 151-155.

Por conseguinte, na visão de Dworkin, a questão moral e jurídica mais importante que norteia o debate sobre o aborto se congloba na seguinte indagação: "Um governo digno tenta ditar a seus cidadãos que valores intrínsecos ele deve reconhecer, por que e como devem fazê-lo?"[181], e ainda, embora o governo possa regular o comportamento das pessoas de outras maneiras a fim de proteger os valores intrínsecos, as mulheres grávidas possuem o direito de que o governo não as proíba de interromper a gravidez? Assim descrita, a questão fica na convergência das tradições da liberdade pessoal e da que "atribui ao governo a responsabilidade de proteger o espaço moral público em que vivem todos os cidadãos", que por vezes são antagônicas[182].

Os objetivos antagônicos perseguidos pelo governo podem ser, diante dessas tradições, de responsabilidade – quando pretende que seus cidadãos tratem as decisões relativas ao aborto como questões de importância moral e que reconheçam que os valores intrínsecos fundamentais estão em jogo nessas decisões e decidam reflexivamente – e de conformidade – quando intui que as decisões sejam tomadas fundamentadas na opinião da maioria[183].

Dworkin sublinha que, ao afirmar que se deve ser uma nação de princípios, ao agir de acordo com a integridade (o objetivo do direito em si), assume-se que a "Constituição deve representar convicções, e não estratégias táticas de juízes ávidos por satisfazer o maior número possível de distritos eleitorais"[184], o que afasta, no caso, a tradição da conformidade. Finalmente, Dworkin arremata que

> O direito à autonomia procriadora tem um lugar importante não apenas na estrutura da Constituição norte-americana, mas também na cultura política ocidental em termos gerais. A característica mais importante dessa cultura é a crença na dignidade humana individual – a crença em que as pessoas têm o direito moral – bem como a responsabilidade moral – de defrontar-se com as questões mais fundamentais sobre o significado e o valor de suas próprias vidas, em busca de respostas para suas próprias consciências e convicções. [...] De fato, a premissa mais básica da democracia ocidental – a de que o governo seja republicano, e não despótico – incorpora um compromisso com essa concepção de dignidade. Em sentido amplo,

181. DWORKIN, Ronald. **Domínio da vida:** aborto, eutanásia e liberdades individuais. São Paulo: Martins Fontes, 2009. p. 163.

182. DWORKIN, Ronald. **Domínio da vida:** aborto, eutanásia e liberdades individuais. São Paulo: Martins Fontes, 2009. p. 209.

183. DWORKIN, Ronald. **Domínio da vida:** aborto, eutanásia e liberdades individuais. São Paulo: Martins Fontes, 2009. p. 210.

184. DWORKIN, Ronald. **Domínio da vida:** aborto, eutanásia e liberdades individuais. São Paulo: Martins Fontes, 2009. p. 221.

> o princípio de autonomia procriadora encontra-se entranhado em qualquer cultura verdadeiramente democrática[185].

Em suma, a argumentação enfatiza várias razões para que as pessoas não sejam indiferentes umas para com as outras. "Em conjunto, as decisões individuais criam um ambiente moral que inevitavelmente influencia o que os outros podem fazer"[186], de forma que a integridade constitucional se revela tão importante. O processo interpretativo, sublinha-se, decorre de práticas sociais compartilhadas nas quais o indivíduo está inserido, sendo possível "alcançar a verdade na interpretação quando se interpreta uma prática social e se identifica o seu propósito"[187]. E, como não se pode exigir concordância entre os cidadãos, deve-se exigir deles responsabilidade moral na medida em que se propugne que as diversas interpretações concretas alcancem uma integridade geral e que cada uma dessas interpretações "sustente a outra numa rede de valores que abraçamos autenticamente"[188].

---

185. DWORKIN, Ronald. **Domínio da vida:** aborto, eutanásia e liberdades individuais. São Paulo: Martins Fontes, 2009. p. 233.
186. DWORKIN, Ronald. **Domínio da vida:** aborto, eutanásia e liberdades individuais. São Paulo: Martins Fontes, 2009. p. 233.
187. BUNCHAFT, Maria Eugenia. O julgamento da ADPF n. 54: uma reflexão à luz de Ronald Dworkin. In: **Sequência:** Estudos Jurídicos e Políticos, Florianópolis, dez. 2012. p. 155-188. Disponível em: Disponível em: https://perioficos.ufsc.br/index.php/sequencia/article/view/26397. Acesso em: 04 dez. 2017. p. 182.
188. DWORKIN, Ronald. **A raposa e o porco-espinho:** justiça e valor. São Paulo: WMF Martins Fontes, 2014. p. 153.

3

UM DEBATE SOBRE A JUSTIÇA À LUZ DA TEORIA CRÍTICA: A QUESTÃO DA REPRESENTAÇÃO NOS PROCESSOS DE JUSTIFICAÇÃO PÚBLICA

A conciliação entre democracia e constitucionalismo simboliza um dos maiores desafios enfrentados pela sociedade contemporânea. Se, por um lado a concepção de democracia está atrelada à soberania popular e ao autogoverno democrático na resolução de questões políticas fundamentais, o constitucionalismo propugna uma limitação ao poder do povo[1].

Desde a segunda metade do século XX, o cenário acadêmico norte-americano tem sido marcado pelo embate teórico entre concepções progressistas acerca da interpretação constitucional – partidárias da supremacia judicial na interpretação da Constituição – e correntes conservadoras que sustentam o *Originalismo* como instrumento político de oposição ao ativismo judicial[2]. Ou seja, orbitam no debate acerca da interpretação constitucional questões relativas não só à efetividade dos direitos constitucionais e à sua legitimidade, mas também aquelas relativas à forma como esses direitos foram instituídos em uma sociedade plural e divergente.

Faz-se necessário, destarte, conhecer a forma como os direitos são reconhecidos e assegurados pelas autoridades, principalmente tendo em vista que sua garantia representa a base de uma construção democrática de Estado de Direito, bem como sua manutenção. Ademais, diante dessa conjectura, calha, mais uma vez, afirmar que Direito e Política são intimamente ligados.

1. BUNCHAFT, Maria Eugenia; LIMBERGER, Temis; MOREIRA, Eduardo. O casamento entre pessoas do mesmo sexo e a Suprema Corte norte-americana: Uma análise sobre o *backlash* à luz do debate entre Constitucionalismo Democrático e Minimalismo Judicial. **Revista do Mestrado em Direito da Universidade Católica de Brasília.** Brasília, v. 10, n. 1, p. 227- 257, 2016. p. 230.
2. BUNCHAFT, Maria Eugenia; LIMBERGER, Temis; MOREIRA, Eduardo. O casamento entre pessoas do mesmo sexo e a Suprema Corte norte-americana: Uma análise sobre o *backlash* à luz do debate entre Constitucionalismo Democrático e Minimalismo Judicial. **Revista do Mestrado em Direito da Universidade Católica de Brasília.** Brasília, v. 10, n. 1, p. 227- 257, 2016. p. 230.

Salvaguardar um ambiente democrático, por conseguinte, exige a compreensão do deslindar do processo de interpretação em Direito. E, nesse processo, podemos partir da premissa de que, em uma sociedade pluralista, todo aquele que vive a Constituição deve ser considerado seu legítimo intérprete[3]. Por consequência, faz-se importante não somente conhecer e definir o procedimento interpretativo, mas também os fatores sociais que o influenciam e o constituem.

Importa à hermenêutica constitucional, então, uma vez presumido o papel de influência da sociedade no Poder Judiciário, conhecer o processo evolutivo relativo à forma que as demandas populares têm se apresentado. Ou seja, reconhecer a existência de uma esfera de legitimidade das decisões jurídicas constitui o primeiro passo para a legitimação do texto constitucional, sendo indispensável também levar em consideração a evolução das reivindicações populares nesse processo.

Defendemos, por isso, a possibilidade de envolver a teoria hermenêutica nas contribuições trazidas pela teoria crítica pautadas no engajamento político presente nas teorias de Reva Siegel, Robert Post, Linda Greenhouse, Jack Balkin e Nancy Fraser para construirmos uma teoria democrática da decisão judicial. A articulação entre essas teorias não é inédita.

Partindo da premissa de que a crise de representatividade política, aliada à falta de engajamento político da população, acaba por gerar um ambiente legislativo atendente a interesses políticos sectários, de forma a descaracterizar o valor epistêmico do processo deliberativo e minimizar a representatividade[4]; no Constitucionalismo Democrático-Paritário, o Poder Judiciário assume proeminência na amenização de assimetrias, sem dar a última palavra, vez que se acredita na sua sensibilidade às reivindicações dos movimentos sociais, bem como na sua capacidade de influenciar os ramos do Poder Público com valores constitucionais[5].

Dessa forma, inerente à evolução de uma cultura constitucional é a atuação de cidadãos que se apropriam do discurso dos princípios constitucionais para se mobilizarem em lutas por ampliação de direitos. Em outras palavras, a partir da atuação dinâmica dos movimentos sociais são

3. HÄBERLE, Peter. **Hermenêutica constitucional**: A sociedade aberta dos intérpretes da constituição: contribuição para a interpretação pluralista e procedimental da constituição. Porto Alegre: Sergio Antonio Fabris, 2002. p.9.

4. BUNCHAFT, Maria Eugenia. Transexualidade e o "direito dos banheiros" no STF: uma análise do voto do Ministro Luís Barroso no RE n. 845779 à luz de Post, Siegel e Fraser. **Constituição, Economia e Desenvolvimento**: Revista da Academia Brasileira de Direito Constitucional, Curitiba, v. 8, n. 14, 2016.

5. BUNCHAFT, Maria Eugenia. Transexualidade e o "direito dos banheiros" no STF: uma análise do voto do Ministro Luís Barroso no RE n. 845779 à luz de Post, Siegel e Fraser. **Constituição, Economia e Desenvolvimento**: Revista da Academia Brasileira de Direito Constitucional, Curitiba, v. 8, n. 14, 2016.

provocadas inovações nas interpretações acerca da aplicação dos princípios constitucionais[6], tornando-se uma espécie de movimento de renovação que, muitas vezes, gera contra-mobilizações, estas tidas como positivas em razão de possibilitarem a manutenção do engajamento político no processo dialógico acerca dos entendimentos populares quanto aos fundamentos dos princípios constitucionais, que não podem "minimizar os insights crítico-reflexivos da opinião pública transnacional"[7]

Finalmente, o Constitucionalismo Democrático-Paritário está apoiado na concepção, oriunda da obra de Nancy Fraser, de que o confrontamento e a desconstrução de normas disciplinares e de estruturas de poder que reforçam padrões estigmatizantes e excludentes só se concretiza por meio da circulação de discursos alternativos, que são espaços simbólicos, onde são discutidas não apenas as questões da assimetria na esfera pública oficial, mas também o fundamento político do Direito[8].

Compreender melhor essa articulação inaugurada por Maria Eugenia Bunchaft é fundamental para começarmos a delinear a proposta do presente trabalho, ou seja, nos garante escopo para conectar a teoria de Dworkin à teoria de Nancy Fraser para uma construção dos contrapúblicos interpretativos.

3.1 O Constitucionalismo Democrático de Robert Post e Reva Siegel: demandas populares e a questão do aborto

A principal premissa do *Constitucionalismo Democrático* consiste na autoridade da Constituição a partir de sua legitimidade democrática, ou seja, pela sua capacidade de inspirar o povo em reconhecê-la como sua Constituição[9]. Essa compreensão está sustentada na tradição do engajamento popular que autoriza os cidadãos a fazerem afirmações sobre o significado da Constituição e a oporem-se ao seu governo por meio de leis constitucionais, políticas eleitorais e instituições da sociedade civil, quando acreditam que a Constituição não está sendo respeitada[10].

---

6. BUNCHAFT, Maria Eugenia. **Ativismo judicial e grupos estigmatizados:** filosofia constitucional do reconhecimento. 2 ed. Curitiba: Juruá, 2016. p. 149-150.

7. BUNCHAFT, Maria Eugenia. Transexualidade e o "direito dos banheiros" no STF: uma reflexão à luz de Post, Siegel e Fraser. **Revista Brasileira de políticas públicas.** Brasília. v. 6, n. 3, p. 222-243, 2016. p. 231.

8. BUNCHAFT, Maria Eugenia. Transexualidade e o "direito dos banheiros" no STF: uma análise do voto do Ministro Luís Barroso no RE n. 845779 à luz de Post, Siegel e Fraser. **Constituição, Economia e Desenvolvimento**: Revista da Academia Brasileira de Direito Constitucional, Curitiba, v. 8, n. 14, 2016.

9. BUNCHAFT, Maria Eugenia; LIMBERGER, Temis; MOREIRA, Eduardo. O casamento entre pessoas do mesmo sexo e a Suprema Corte norte-americana: Uma análise sobre o *backlash* à luz do debate entre Constitucionalismo Democrático e Minimalismo Judicial. **Revista do Mestrado em Direito da Universidade Católica de Brasília.** Brasília, v. 10, n. 1, p. 227- 257, 2016. p. 238.

10. POST, Robert; SIEGEL, Reva. Roe Rage: Democratic Constitutionalism and the *Backlash*. **Harvard Civil Rights** – Civil Liberties Law Review p. 372-433, 2007. p. 374.

As Cortes possuem autoridade para declarar e reforçar direitos, seja em razão da Constituição, seja através das normas de fundamentação que empregam. Os tribunais tornam-se meio de proteção dos valores sociais, bem como garantidores da não violação pelo Estado dos limites impostos pela Constituição. Essa autoridade, contudo, depende também da confiança dos cidadãos, vez que, se interpretarem a Constituição, de acordo com a legislação, mas em termos divergentes das convicções do povo, poderão sofrer resistência popular[11]. Consequentemente, no processo de fundamentação legal, os tribunais acabam por resistir ou responder às reivindicações populares acerca do significado da Constituição[12].

As críticas às decisões judiciais, frente ao entendimento exposto, representam uma identificação normativa com a Constituição. Os cidadãos que invocam a Constituição para criticar os tribunais associam o texto constitucional a reflexões normativamente convincentes e vinculantes, promovendo, desse modo, a renovação da tradição constitucional. Ou seja, para Post e Siegel, "até mesmo a resistência à interpretação judicial pode aumentar a legitimidade democrática da Constituição"[13]. A aposta do *Constitucionalismo Democrático* é, então, no potencial construtivo do movimento de *backlash*, por possibilitar ao cidadão leigo que desafie as decisões judicias que falam a partir da voz desinteressada das leis, em razão de sua propriedade política acerca das questões julgadas[14].

Para aprofundamento da compreensão acerca do *Constitucionalismo Democrático*, tendo em vista seu potencial conciliatório entre as demandas populares e a manutenção da integridade do direito, deve-se levar em conta que, para Post e Siegel, Direito e Política não podem ser separados. O movimento de *backlash* representa o desejo de povo de influenciar o conteúdo da Constituição, como também representa uma ameaça à independência do Direito, sendo o ponto de choque entre a integridade do Direito e a necessidade de legitimidade democrática inerente à ordem constitucional[15].

É justamente diante da necessidade de se fazer cumprir a Constituição quando debatidas questões controversas que o *Constitucionalismo Democrático*

---

11. POST, Robert; SIEGEL, Reva. Roe Rage: Democratic Constitutionalism and the *Backlash*. **Harvard Civil Rights** – Civil Liberties Law Review, p. 372-433, 2007. p. 374.
12. POST, Robert; SIEGEL, Reva. Roe Rage: Democratic Constitutionalism and the *Backlash*. **Harvard Civil Rights** – Civil Liberties Law Review, p. 372-433, 2007. p. 375.
13. "even resistance to judicial interpretation can enhance the Constitution's democratic legitimacy". In: POST, Robert; SIEGEL, Reva. Roe Rage: Democratic Constitutionalism and the *Backlash*. **Harvard Civil Rights** – Civil Liberties Law Review, p. 372-433, 2007. p. 375.
14. POST, Robert; SIEGEL, Reva. Roe Rage: Democratic Constitutionalism and the *Backlash*. **Harvard Civil Rights** – Civil Liberties Law Review, p. 372-433, 2007. p. 375.
15. POST, Robert; SIEGEL, Reva. Roe Rage: Democratic Constitutionalism and the *Backlash*. **Harvard Civil Rights** – Civil Liberties Law Review, p. 372-433, 2007. p. 376.

assume relevância, pois "afirma o papel do governo representativo e dos cidadãos mobilizados na aplicação da Constituição, ao mesmo tempo em que afirma o papel dos tribunais em usar a fundamentação legal para interpretar a Constituição"[16]. Sem negar o papel desempenhado pelos tribunais na efetivação de direitos e pelo engajamento público na orientação e legitimação das instituições e no processo de revisão judicial, o *Constitucionalismo Democrático* defende que as decisões legalmente fundamentadas só podem adquirir legitimidade se os fundamentos empregados estiverem enraizados nos valores e ideais populares[17].

Nessa senda, uma vez que os ideias constitucionais impostos pelas Cortes acabam por refletir a identidade nacional e, quando chancelados por um tribunal competente, assumem forma de obrigações legais, tornando-se guias para a organização jurídica da sociedade - além de ganharem poder simbólico, moldando o significado social de diversas questões extrajurídicas - a questão da legitimidade constitucional torna-se indissociável das formas de garantia de sua responsabilidade democrática[18].

As decisões jurídicas que versam sobre questões cujas respostas são controversas mesmo no seio da sociedade, em razão de seu conteúdo moralizante, passam a representar a necessidade de vinculação dos julgadores aos ideias constitucionais. Nos casos de divergência extrema entre o entendimento popular e o que é dito pelos tribunais, a legitimidade democrática do Direito Constitucional é colocada em risco. Consequentemente, a preocupação do *Constitucionalismo Democrático* abarca as práticas que facilitam um diálogo progressivo e contínuo entre as Cortes e o povo, prevenindo a alienação constitucional e mantendo a solidariedade em uma comunidade normativamente heterogênea[19].

Diante desse anseio, para Post e Siegel, identificar métodos de interpretação constitucional capazes de justificar decisões controversas não é o suficiente para colocar fim aos desacordos enraizados na sociedade. Entendem os autores que as teorias acadêmicas acerca da fundamentação legal, por não estarem preocupadas com atores políticos e movimentos sociais, não inspiram mobilização política dos cidadãos para que exijam das Cortes

16. "affirms the role of representative government and mobilized citi- zens in enforcing the Constitution at the same time as it affirms the role of courts in using professional legal reason to interpret the Constitution." POST, Robert; SIEGEL, Reva. Roe Rage: Democratic Constitutionalism and the *Backlash*. **Harvard Civil Rights** – Civil Liberties Law Review, p. 372-433, 2007. p. 379.
17. POST, Robert; SIEGEL, Reva. Roe Rage: Democratic Constitutionalism and the *Backlash*. **Harvard Civil Rights** – Civil Liberties Law Review, p. 372-433, 2007. p. 379.
18. POST, Robert; SIEGEL, Reva. Roe Rage: Democratic Constitutionalism and the *Backlash*. **Harvard Civil Rights** – Civil Liberties Law Review, p. 372-433, 2007. p. 380.
19. POST, Robert; SIEGEL, Reva. Roe Rage: Democratic Constitutionalism and the *Backlash*. **Harvard Civil Rights** – Civil Liberties Law Review, p. 372-433, 2007. p. 380-381.

um posicionamento harmonizado com os ideais populares, possibilitando a entrada das reivindicações populares por mudanças no mundo jurídico, mas deixando de lado a mobilização constitucional, que começa muito além do domínio da jurisprudência[20].

Nesse contexto, ganha importância o movimento de *backlash*, pressão exercida pelos cidadãos engajados na busca da correta interpretação da Constituição, consistente, por sua vez, na potencialidade do significado constitucional ser responsivo as demandas populares, ou seja, na legitimidade democrática da Constituição[21]; movimento esse que, por conseguinte, constantemente entra em choque com o ideal de separabilidade entre Direito e Política, fundamentando grande parte do argumento da integridade do Direito como garantia da autoridade dos tribunais. Em função disso a capacidade de influência popular na construção dos valores constitucionais pelos tribunais, sem que isso implique na diminuição de sua autoridade, representa um grande desafio teórico[22].

Visando ao enfrentamento desse paradigma, Post e Siegel concebem a supremacia judicial a partir da impossibilidade de que os tribunais determinem o significado da Constituição de forma incoerente com aquilo que já foi anteriormente definido por eles, todavia defendendo que, algumas vezes, os cidadãos entendem que a Constituição foi erroneamente interpretada pelos tribunais, não cabendo aos tribunais determinar as crenças dos cidadãos sobre a Constituição. Ou seja, não são os tribunais exclusivamente os detentores da última palavra ou da autoridade para conferir significado ao texto constitucional[23].

Cumpre destacar, portanto, que supremacia judicial e constitucionalismo popular, centrais para a definição do *Constitucionalismo Democrático*, não são mutuamente excludentes se considerarmos que a democracia tange à realização do valor do autogoverno coletivo a partir da participação da formação discursiva da vontade popular[24]. A tensão entre constitucionalismo popular e a supremacia judicial está relacionada com suas origens, vez que as crenças constitucionais fundamentais são informadas e sustentadas por aquilo anunciado pelos tribunais, da mesma forma que os tribunais devem

---

20. POST, Robert; SIEGEL, Reva. Democratic Constitucionalism. In: BALKIN, Jack; SIEGEL, Reva. **The Constitution in 2020**. p. 25-34. Oxford, Inglaterra: Oxford University Press, 2009. p. 31.
21. POST, Robert; SIEGEL, Reva. Roe Rage: Democratic Constitutionalism and the *Backlash*. **Harvard Civil Rights** – Civil Liberties Law Review, p. 372-433, 2007. p. 390.
22. POST, Robert; SIEGEL, Reva. Roe Rage: Democratic Constitutionalism and the *Backlash*. **Harvard Civil Rights** – Civil Liberties Law Review, p. 372-433, 2007. p. 384-385.
23. POST, Robert; SIEGEL, Reva. Popular Constitutionalism, Departmentalism, and Judicial Supremacy. **Faculty Scholarship Series** – Yale Law School Faculty Scholarship. n. 178., p. 1027-1044, 2004. p. 1030.
24. POST, Robert; SIEGEL, Reva. Popular Constitutionalism, Departmentalism, and Judicial Supremacy. **Faculty Scholarship Series** – Yale Law School Faculty Scholarship. n. 178., p. 1027-1044, 2004. p. 1036.

decidir em consonância com as crenças constitucionais populares[25]. Para Post e Siegel,

> A estabilidade e a estrutura do Direito Constitucional permitem que a Constituição assuma uma incorporação institucional coerente e cumpra o valor da democracia. Os compromissos políticos com a Constituição dotam o Direito Constitucional de legitimidade democrática e efetiva implementação[26].

Consequentemente, permitir que exclusivamente o Direito Constitucional dite a Constituição, enseja na limitação das crenças fundamentais da nação, seja pela fundamentação profissional limitada ou pelas limitações organizacionais dos tribunais. Por outro lado, caso a Constituição seja determinada pelo julgamento político, haveria a possibilidade de findar a estabilidade e a confiabilidade dos direitos garantidos pela Constituição, colocando em risco a própria democracia[27]. Acreditam Post e Siegel, diante desse cenário, no potencial dos atores não-judicias para encontrarem o equilíbrio entre esses valores conflitantes[28].

A título exemplificativo, cita-se o sucesso do feminismo de segunda onda em alterar o entendimento assentado pela Suprema Corte norte-americana a respeito da Cláusula de Igual Proteção para proibir a discriminação baseada em sexo. Ainda nos anos 1970, eram institucionalmente naturalizadas as distinções sexuais, bem como que o governo poderia reforçá-las; contudo, à medida que os movimentos sociais se juntaram à luta pela deslegitimação dessa tradição, o senso comum foi notadamente se alterando. Dessa forma, os juízes que interpretam o texto constitucional para expressar sua "compreensão implícita de mundo", passaram a examinar de forma mais rigorosa as classificações baseadas no sexo relativas a Décima Quarta Emenda[29].

Inobstante isso, quando se debate a relação entre as decisões judiciais e a efetivação de direitos de minorias, também é analisado o movimento

---

25. POST, Robert; SIEGEL, Reva. Popular Constitutionalism, Departmentalism, and Judicial Supremacy. **Faculty Scholarship Series** – Yale Law School Faculty Scholarship. n. 178., p. 1027-1044, 2004. p. 1038.
26. "The stability and structure of constitutional law allows the Constitution to assume coherent institutional embodiment and to fulfill the value of democracy. The political commitments of the Constitution endow constitutional law with democratic legitimacy and effective implementation" In: POST, Robert; SIEGEL, Reva. Popular Constitutionalism, Departmentalism, and Judicial Supremacy. **Faculty Scholarship Series** – Yale Law School Faculty Scholarship. n. 178., p. 1027-1044, 2004. p. 1038.
27. POST, Robert; SIEGEL, Reva. Popular Constitutionalism, Departmentalism, and Judicial Supremacy. **Faculty Scholarship Series** – Yale Law School Faculty Scholarship. n. 178., p. 1027-1044, 2004. p. 1040.
28. POST, Robert; SIEGEL, Reva. Popular Constitutionalism, Departmentalism, and Judicial Supremacy. **Faculty Scholarship Series** – Yale Law School Faculty Scholarship. n. 178., p. 1027-1044, 2004. p. 1041.
29. POST, Robert; SIEGEL, Reva. Democratic Constitucionalism. In: BALKIN, Jack; SIEGEL, Reva. **The Constitution in 2020**. p. 25-34. Oxford, Inglaterra: Oxford University Press, 2009. p. 28-29.

contrário, ou seja, quando as decisões acabam por definir e organizar a compreensão do povo em sua totalidade acerca das questões constitucionais, fato que pode ensejar deslindes potencialmente negativos para a discussão em voga. Inúmeras vezes o caso Roe *versus* Wade é utilizado como exemplo de que a garantia de direito de minorias a partir dos tribunais pode vir a gerar maior polarização do que se fosse feito por meio de uma alteração legislativa[30], presumindo que más decisões judiciais causam más políticas[31]; todavia, a origem do *backlash* se dá justamente em razão de as minorias clamarem pela alteração do status quo ao vindicarem seus direitos diante de questões controversas[32].

Os progressistas norte-americanos tendem a associar a decisão do caso Roe *versus* Wade com o aumento do conservadorismo e o surgimento da Nova Direita no país; em contrapartida, defendem Post e Siegel que essa mobilização política não foi exclusivamente contra a decisão, nem mesmo foi simplesmente a respeito do aborto[33]. Nas palavras de Greenhouse e Siegel:

> A premissa da narrativa do *backlash* de Roe é que há algo sobre a declaração judicial dos direitos das minorias que produz uma reação especialmente virulenta e polarizadora entre os perdedores que não responderiam de maneira similar à derrota legislativa. Desse ponto de vista, decisões judiciais que reivindicam direitos das minorias ou que selecionam os vencedores de reivindicações vigorosamente contestadas têm o efeito prejudicial de fechar a política comum e dar origem a uma nova política deformada: "Roe Rage", como um de nós a rotulou. Vencer, em outras palavras, pode ser ainda pior do que perder. A mensagem parece ser que os requerentes das minorias devem ficar longe dos tribunais[34].

30. GREENHOUSE, Linda; SIEGEL, Reva. *Backlash* to the Future? From Roe to Perry. **UCLA Law Review Discourse**, n. 60, p. 240-246, 2013. p. 242.
31. GREENHOUSE, Linda; SIEGEL, Reva. **Before Roe v. Wade:** voices that shaped the abortion debate before the Supreme Court´s ruling. 2 ed. New Haven: Yale Law School, 2012. p. 2074.
32. GREENHOUSE, Linda; SIEGEL, Reva. *Backlash* to the Future? From Roe to Perry. **UCLA Law Review Discourse**, n. 60, p. 240-246, 2013. p. 245.
33. POST, Robert; SIEGEL, Reva. Roe Rage: Democratic Constitutionalism and the *Backlash*. **Harvard Civil Rights** - Civil Liberties Law Review, p. 372-433, 2007. p. 409.
34. "The premise of the Roe *backlash* narrative is that there is something about the judicial declaration of minority rights that produces an especially virulent and polarizing reaction among losers who would not respond in a similar fashion to legislative defeat. On this view, court decisions that vindicate minority rights or that pick winners of vigorously contested claims have the harmful effect of shutting down ordinary politics and giving birth to a new, deformed politics: "Roe Rage," as one of us has labeled it. Winning, in other words, can be even worse than losing. The message seems to be that minority claimants should stay away from courts." In: GREENHOUSE, Linda; SIEGEL, Reva. *Backlash* to the Future? From Roe to Perry. **UCLA Law Review Discourse**, n. 60, p. 240-246, 2013. p. 243.

Urge, entretanto, contextualizar o âmbito jurídico e social que inspirou essa decisão para debatermos seus desdobramentos na sociedade norte-americana. Eis que, em janeiro de 1973, a Suprema Corte dos Estados Unidos declarou a inconstitucionalidade do estatuto do aborto do Texas e a legislação de Geórgia sobre essa temática, sob o fundamento do direito à privacidade, oriundo do precedente acerca do uso de contraceptivos (Griswold *versus* Connecticut - 1965), protegendo a decisão de uma mulher em levar ou não adiante sua gravidez. A Corte considerou que os fetos não possuíam prerrogativas inerentes às pessoas, conforme o disposto na Décima Quarta Emenda, mas que o Estado tinha interesse pesado em face à proteção da vida em potencial, correspondente à fase da gravidez, sendo vedado a ele restringir o direito da mulher ao aborto durante o primeiro trimestre, mas podendo proibir o aborto após esse período, com exceção dos casos em que a manutenção da gravidez colocasse em risco a vida da mulher grávida[35].

Destarte, fica notável que a decisão se afastou das premissas trazidas no debate de reforma do início dos anos 1960; ao enfatizar a importância de proteção da autonomia médica e compreender a mulher como paciente sujeita à orientação de um médico, deixou de lado as alegações feministas acerca da independência, frente ao Estado, de as mulheres tomarem decisões sobre sexo e paternidade. Ao permitir o aborto em determinadas circunstâncias, a Corte descriminalizou a conduta nos moldes defendidos pelas feministas, mas ainda se restringindo apenas a uma expressão indistinta e incerta de suas reivindicações relativas à proteção das escolhas das mulheres[36].

Greenhouse e Siegel sustentam que a controvérsia acerca do aborto está mais vinculada a questões políticas engendradas pela sociedade e pelos atores políticos do que necessariamente à proeminência atribuída à adjudicação, cuja centralidade se volta à Suprema Corte, vez que a significação do aborto é, assim o fora à época, constantemente modificada quando do engajamento de novos participantes em sua reivindicação[37]. Conforme as autoras:

> Assim como aqueles que advogavam no século XIX para criminalizar o acesso ao aborto apelaram para a autoridade médica, o mesmo fizeram aqueles que advogaram pela liberalização do acesso ao aborto no século XX. Logo outros se juntaram à causa da reforma – e, na década de 1960, os americanos estavam debatendo o aborto como

35. GREENHOUSE, Linda; SIEGEL, Reva. **Before Roe v. Wade:** voices that shaped the abortion debate before the Supreme Court´s ruling. 2 ed. New Haven: Yale Law School, 2012. p. 253.

36. GREENHOUSE, Linda; SIEGEL, Reva. **Before Roe v. Wade:** voices that shaped the abortion debate before the Supreme Court´s ruling. 2 ed. New Haven: Yale Law School, 2012. p. 255 e 256.

37. GREENHOUSE, Linda; SIEGEL, Reva. Before (and after) Roe v. Wade: new questions about *backlash*. **The Yale Law Journal**,n. 120, p. 2028-2087, 2011. p. 2034.

um problema relacionado à pobreza, controle populacional, liberdade sexual e cidadania igualitária da mulher. Essas novas formas de falar sobre o aborto tinham suficiente poder de persuasão que os Estados começaram a promulgar legislações que permitiam às mulheres acesso legal ao procedimento em certas circunstâncias rigorosamente prescritas. Com o significado e as justificativas para liberalizar o acesso ao aborto em fluxo, o apoio público à reforma cresceu rapidamente[38].

O diálogo público acerca da questão do aborto, na década que antecedeu a decisão do caso Roe, nos Estados Unidos da América, desencadeou-se dos argumentos acerca da saúde pública, fundamentados na autoridade da ciência médica, no sentido da liberalização do acesso ao aborto em razão do alto índice de abortos ilegais realizados entre as mulheres pobres de forma a prejudicarem sua própria saúde. Diante dessa reivindicação, em 1962, o *American Law Institute* adotou um estatuto modelo que permitia o aborto nos casos em que a saúde física e mental das mulheres fosse colocada em risco, nos casos de estupro e nos casos em que a criança nascesse com grave defeito físico ou mental – desde que certificado por escrito por dois médicos. Em 1967, em resposta ao apoio público, três Estados modificaram suas leis sobre o aborto[39].

No final da década de 1960, o debate buscou novas diretrizes ainda mais abrangentes. O principal fundamento para a revogação das leis do aborto se sustentou no argumento ambientalista, apontando o grande impacto do aumento da população em face da escassez de recursos terrestres. Nesse mesmo contexto, considerada a crise populacional, foi possibilitada a introdução da necessidade de se repensar a relação reducionista do sexo à atividade reprodutiva[40]. Em 1964, por sua vez, foi fundado o Conselho de Informação e Educação Sexual dos Estados Unidos, Inc., desempenhando papel pioneiro e controverso no estabelecimento de programas de educação sexual nos Estados Unidos. Gradativamente, as autoridades passaram a debater

---

38. "Just as nineteenth-century advocates for criminalizing access to abortion had appealed to medical authority, so, too, did twentieth-century advocates for liberalizing access to abortion. Soon others joined the cause of reform—and by the 1960s, Americans were debating abortion as a problem concerning poverty, population control, sexual freedom, and women's equal citizenship. These new ways of talking about abortion were of sufficient persuasive power that states haltingly began to enact legislation that allowed women lawful access to the procedure in certain tightly prescribed circumstances. With the meaning and justifications for liberalizing access to abortion in flux, public support for reform rapidly grew". In: GREENHOUSE, Linda; SIEGEL, Reva. **Before Roe v. Wade:** voices that shaped the abortion debate before the Supreme Court´s ruling. 2 ed. New Haven: Yale Law School, 2012. p. 234-235.

39. GREENHOUSE, Linda; SIEGEL, Reva. **Before Roe v. Wade:** voices that shaped the abortion debate before the Supreme Court´s ruling. 2 ed. New Haven: Yale Law School, 2012. p. 236-238.

40. GREENHOUSE, Linda; SIEGEL, Reva. **Before Roe v. Wade:** voices that shaped the abortion debate before the Supreme Court´s ruling. 2 ed. New Haven: Yale Law School, 2012. p. 238-239.

sobre o papel do Direito penal na manutenção dos objetivos matrimoniais e de procriação. Como resposta a esse movimento, em 1965 foi decidido pela Suprema Corte que a proibição do uso de contracepção, mesmo dentro do casamento, violava o direito a privacidade, apesar de os debates terem começado como debates políticos na arena legislativa[41].

A questão do aborto, dessa forma, deixou de ser discutida sob o viés medicalizado, como uma solução para uma gravidez comprometida ou danosa à mãe, permitindo-se a compreensão de um aspecto afirmativo de política social, "não necessariamente para ser bem vindo, mas para ser reconhecido como uma parte inevitável do quadro completo da sexualidade humana, como um dos fatos da vida"[42].

O movimento feminista delongou-se em quase uma década para adotar a pauta da liberalização do aborto. Enquanto o debate médico, ambiental e popular era fomentado, as feministas reivindicavam igual acesso à educação superior, às oportunidades no local de trabalho e iguais políticas sociais que possibilitassem às mulheres conciliar a maternidade e suas carreiras. Somente no final da década de 1960, as feministas passaram a conceber as políticas de gravidez como essenciais para a igualdade das mulheres, passando a advogar pela causa do aborto, desafiando as normas, as instituições e os arranjos fundamentais da vida social norte-americana[43].

As feministas começaram a falar não somente para o público, como também para os tribunais. As ações feministas passaram a expressar objeções constitucionais à proibição do aborto com fundamento na liberdade e na igualdade, declarando abertamente as alegações acerca da liberdade sexual. A partir disso, dois cenários foram criados: em 1970 foi promulgada uma lei que revogava a proibição do aborto, tornando o processo de Nova Iorque discutível; e, em Connecticut, onde repetidamente a assembléia estadual recusou-se a modificar seu estatuto, incentivando a recruta de demandantes de forma a persuadir o Tribunal Federal a derrubar a proibição do aborto naquele estado. A resposta do governador foi a convocação de uma sessão especial da legislatura, reeditando a lei de forma a aumentar as penalidades, o que acabou sendo invalidado novamente pelo Tribunal[44].

---

41. GREENHOUSE, Linda; SIEGEL, Reva. **Before Roe v. Wade:** voices that shaped the abortion debate before the Supreme Court´s ruling. 2 ed. New Haven: Yale Law School, 2012. p. 239-2041.

42. "not necessarily to be welcomed but to be recognized as an inevitable piece of the full picture of human sexuality, as one of the facts of life." In: GREENHOUSE, Linda; SIEGEL, Reva. **Before Roe v. Wade:** voices that shaped the abortion debate before the Supreme Court´s ruling. 2 ed. New Haven: Yale Law School, 2012. p. 2041.

43. GREENHOUSE, Linda; SIEGEL, Reva. **Before Roe v. Wade:** voices that shaped the abortion debate before the Supreme Court´s ruling. 2 ed. New Haven: Yale Law School, 2012. p. 239-2042-2044.

44. GREENHOUSE, Linda; SIEGEL, Reva. **Before Roe v. Wade:** voices that shaped the abortion debate before the Supreme Court´s ruling. 2 ed. New Haven: Yale Law School, 2012. p. 239-2045-2046.

Enquanto o apoio popular à liberalização do aborto continuava a crescer, os católicos começaram a mobilizar-se publicamente contra as reformas legislativas por Estado e a adentrar a arena política com o fim de garantir que a lei continuasse perpetrando os ensinamentos da Igreja. Na medida em que esta instituição acelerou sua mobilização contra as leis pró-aborto, traduzia suas objeções religiosas em argumentos seculares, o que não logrou êxito. Nos anos que precederam à decisão do caso Roe, a oposição ao aborto era considerada como um movimento católico, razão pela qual o Partido Republicano começou a mudar seu posicionamento sobre o aborto a fim de angariar mais simpatizantes católicos[45].

A questão do aborto tornou-se, a partir da década de 1970, uma estratégia política dos Republicanos para buscar apoio dos católicos e dos conservadores sociais em geral. A opinião dos candidatos dos partidos Democrata e Republicano à presidência, naquela época, eram semelhantes. Nixon, candidato republicano, alterou a política de seu governo a respeito do aborto visando a ganhar eleitores simpatizantes de "um conservador cultural que defendia a preservação dos papéis e valores tradicionais"[46]. Como estratégia, invocou a questão do aborto, ainda que sem tomar posicionamento inicial, deixando a temática a cargo dos Estados, afinal a popularidade dos argumentos a favor da liberalização do aborto era grande[47].

Nixon venceu em 1972, com o apoio da maioria dos católicos, mas após sua renúncia, os Republicanos estariam pouco interessados na possibilidade de se abordar a questão do aborto para garantirem votos ao partido. Esse período foi marcado pela crescente associação das reivindicações feministas em prol do aborto, unidas às bandeiras do movimento gay, ou seja, atrelando a liberalização do aborto à flexibilização dos valores morais norte-americanos. Assim, a mobilização contra o aborto, que passou a se autointitular "pró-vida", ganhou apoio dos protestantes e dos evangélicos, encorajados por líderes do Partido Republicano[48].

Analisando a polarização partidária relativa à questão do aborto, Greenhouse e Siegel concluem que tais posicionamentos "sugerem que a competição dos partidos nacionais pelos eleitores desempenhou um papel importante na polarização em torno do aborto e, provavelmente, desempenhou um

---

45. GREENHOUSE, Linda; SIEGEL, Reva. **Before Roe v. Wade:** voices that shaped the abortion debate before the Supreme Court´s ruling. 2 ed. New Haven: Yale Law School, 2012. p. 239-2046-2051.

46. "as a cultural conservative who stood for the preservation of traditional roles and value". In: GREENHOUSE, Linda; SIEGEL, Reva. **Before Roe v. Wade:** voices that shaped the abortion debate before the Supreme Court´s ruling. 2 ed. New Haven: Yale Law School, 2012. p. 2055.

47. GREENHOUSE, Linda; SIEGEL, Reva. **Before Roe v. Wade:** voices that shaped the abortion debate before the Supreme Court´s ruling. 2 ed. New Haven: Yale Law School, 2012. p. 2052-2059.

48. GREENHOUSE, Linda; SIEGEL, Reva. **Before Roe v. Wade:** voices that shaped the abortion debate before the Supreme Court´s ruling. 2 ed. New Haven: Yale Law School, 2012. p. 2059-2067.

papel importante em tornar Roe significativo"[49]. Até o final dos anos 1970, os republicanos do Senado estavam divididos acerca do aborto na mesma proporção que os democratas da Câmara. Permitimo-nos ainda aduzir que, talvez não coincidentemente, o quadro de geral crescimento da mobilização pró-vida se alterou, passando os republicanos a se tornarem cada vez mais pró-vida, enquanto os democratas pró-escolha[50].

Segundo Greenhouse e Siegel, conhecer a história do conflito sobre o aborto pode nos guiar na leitura da dialética da polarização nas décadas que seguiram a decisão do caso Roe, "precisamente porque demonstra como o conflito do aborto pode se acelerar e se enredar na política partidária em um período em que o conflito do aborto não pode ser plausivelmente interpretado como uma resposta à revisão judicial"[51], demonstrando que independentemente da influência do judiciário, a Política pode produzir formas crescentes de conflitos. A intensificação do conflito, a partir dessa leitura política, deu-se justamente em razão das modificações legislativas que correspondiam ao interesse popular na reforma do aborto[52].

Em outras palavras, a contramobilização e o acirramento do conflito configuram-se como uma resposta normal ao aumento do apoio popular a uma mudança que pode ou não ter relação com a revisão judicial. Da mesma forma, essa contramobilização pode bloquear tais mudanças, independentemente do apoio popular[53]. Tirar o protagonismo das cortes não é ignorar o seu papel nesses casos conflituosos, mas sim assumir que inevitavelmente a adjudicação pode gerar conflito político e polarização, como uma parte da vida política, desempenhando um papel especial na definição da nossa comunidade política[54].

Diante da realidade política que envolveu a decisão Roe *versus* Wade, ainda defendem Post e Siegel que, em determinados casos, não existem

49. "suggest that the competition of national parties for voters played an important part in polarization around abortion and so likely played an important part in making Roe meaningful" In: GREENHOUSE, Linda; SIEGEL, Reva. **Before Roe v. Wade:** voices that shaped the abortion debate before the Supreme Court´s ruling. 2 ed. New Haven: Yale Law School, 2012. p. 268.
50. GREENHOUSE, Linda; SIEGEL, Reva. **Before Roe v. Wade:** voices that shaped the abortion debate before the Supreme Court´s ruling. 2 ed. New Haven: Yale Law School, 2012. p. 2069-2070.
51. precisely because it demonstrates how the abortion conflict could accelerate and become entangled in party politics in a period when the abortion conflict cannot be plausibly construed as a response to judicial review. In: GREENHOUSE, Linda; SIEGEL, Reva. **Before Roe v. Wade:** voices that shaped the abortion debate before the Supreme Court´s ruling. 2 ed. New Haven: Yale Law School, 2012. p. 2076.
52. GREENHOUSE, Linda; SIEGEL, Reva. **Before Roe v. Wade:** voices that shaped the abortion debate before the Supreme Court´s ruling. 2 ed. New Haven: Yale Law School, 2012. p. 2076.
53. GREENHOUSE, Linda; SIEGEL, Reva. **Before Roe v. Wade:** voices that shaped the abortion debate before the Supreme Court´s ruling. 2 ed. New Haven: Yale Law School, 2012. p. 2077.
54. GREENHOUSE, Linda; SIEGEL, Reva. **Before Roe v. Wade:** voices that shaped the abortion debate before the Supreme Court´s ruling. 2 ed. New Haven: Yale Law School, 2012. p. 2086.

posições politicamente neutras possíveis de serem adotadas pelas cortes. A questão constitucional que se impõe aos tribunais gira em torno da divergência entre progressistas e conservadores acerca do papel desempenhado pelo Estado na garantia ou não do individualismo; enquanto os progressistas consideram que o Estado, em uma sociedade pluralista, deve se abster em questões concernentes aos papéis da família e da fé, os conservadores rechaçam essa proteção ao individualismo, por entenderem que os valores tidos como tradicionais de família e de fé estariam sendo desrespeitados[55].

Sem negar que alguns conflitos possam ser evitados pela antecipação judicial de respostas da população em casos que versem sobre valores constitucionais "discretos", o *Constitucionalismo Democrático* defende que a efetivação de direitos por meio da adjudicação seja feita a partir da compreensão dos juízes, de modo sensível ao contexto, acerca da força dos valores constitucionais relevantes[56]. A aposta no potencial positivo dos conflitos reside no fato de que "enquanto os grupos continuarem discutindo sobre o significado de nossa Constituição comum, mais tempo eles permanecerão comprometidos com um empreendimento constitucional"[57].

Assim, as práticas de argumentação dentro da ordem constitucional canalizam disputas de maneira capaz de gerar convicção e comprometimento popular. A fundamentação das decisões tem recursos significativos para "domesticar controvérsias dentro das formas do Direito Constitucional".

Por exemplo, a esperança da Suprema Corte norte-americana para resolver a controvérsia do aborto na decisão do caso Roe *versus* Wade já não se fazia presente dezenove anos depois, quando do julgamento do caso Planned Parenthood *versus* Casey[58].

No contexto do julgamento de Casey, a Suprema Corte, empregando sua autoridade para canalizar a disputa, atraiu os envolvidos na controvérsia do aborto para uma discussão comum acerca do significado da Constituição, articulando respeitosamente os ideais constitucionais concorrentes; proclamou a visão historicamente dominante na cultura de que o sofrimento de uma mulher é demasiadamente íntimo para ficar a cargo da visão do Estado, sem deixar de atribuir ao ente capacidade de articular formas de conscientizar

55. POST, Robert; SIEGEL, Reva. Roe Rage: Democratic Constitutionalism and the *Backlash*. **Harvard Civil Rights** – Civil Liberties Law Review, p. 372-433, 2007. p. 426.

56. POST, Robert; SIEGEL, Reva. Roe Rage: Democratic Constitutionalism and the *Backlash*. **Harvard Civil Rights** – Civil Liberties Law Review, p. 372-433, 2007. p. 427.

57. So long as groups continue to argue about the meaning of our common Constitution, so long do they remain committed to a common constitutional enterprise. In: POST, Robert; SIEGEL, Reva. Roe Rage: Democratic Constitutionalism and the *Backlash*. **Harvard Civil Rights** – Civil Liberties Law Review, p. 372-433, 2007. p. 427.

58. POST, Robert; SIEGEL, Reva. Roe Rage: Democratic Constitutionalism and the *Backlash*. **Harvard Civil Rights** – Civil Liberties Law Review, p. 372-433, 2007. p. 427.

as mulheres da existência de argumentos filosóficos e morais a favor da continuação da gravidez[59].

Nessa senda, o emblemático Casey ilustra como uma "decisão constitucional pode ser politicamente responsiva ao mesmo tempo em que afirma um compromisso com a distinção lei/política"[60] e como "os juízes podem usar padrões constitucionais flexíveis para conduzir e mediar conflitos, orientando o diálogo público sobre práticas sociais altamente controvertidas"[61], reafirmando a compatibilidade entre a revisão judicial e os desacordos em razão de a essência do Direito Constitucional ser oriunda da controvérsia política[62].

Em síntese, o *Constitucionalismo Democrático* propõe que a Constituição e o Direito Constitucional sejam moldados em meio a interações discursivas entre governo, Congresso, Cortes, reivindicações dos movimentos sociais e partidos políticos[63], legitimando a "atuação do judiciário por meio da utilização de princípios constitucionais de abertura argumentativa no processo de interpretação constitucional", de forma a potencializar o engajamento público[64]. Dessa forma, não existiria incompatibilidade entre o papel desempenhado pelo povo na delimitação do significado da Constituição e a atuação do Poder Judiciário na efetivação de normas constitucionais[65], vez que "a atuação dinâmica dos movimentos sociais potencializa formas renovadas de compreensão constitucional, tendo em vista a própria linguagem aberta da Constituição"[66]. Finalmente, nas ponderações de Maria Eugenia Bunchaft:

---

59. POST, Robert; SIEGEL, Reva. Roe Rage: Democratic Constitutionalism and the *Backlash*. **Harvard Civil Rights** – Civil Liberties Law Review, p. 372-433, 2007. p. 428-429.

60. "A constitutional decision can be politically responsive at the same time as it affirms a commitment to the law/politics distinction". In: POST, Robert; SIEGEL, Reva. Roe Rage: Democratic Constitutionalism and the *Backlash*. **Harvard Civil Rights** – Civil Liberties Law Review, p. 372-433, 2007. p. 430.

61. "Judges can use flexible constitutional standards to channel and mediate conflict, guiding public dialogue about hotly controverted social practices". In: POST, Robert; SIEGEL, Reva. Roe Rage: Democratic Constitutionalism and the *Backlash*. **Harvard Civil Rights** – Civil Liberties Law Review, p. 372-433, 2007. p. 430.

62. POST, Robert; SIEGEL, Reva. Roe Rage: Democratic Constitutionalism and the *Backlash*. **Harvard Civil Rights** – Civil Liberties Law Review, p. 372-433, 2007. p. 430.

63. BUNCHAFT, Maria Eugenia. O "Direito dos banheiros" no STF: Considerações sobre o voto do ministro Luís Roberto Barroso no RE n. 845779 com fundamento em Post, Siegel e Fraser. **Constituição, Economia e Desenvolvimento:** Revista da Academia Brasileira de Direito Constitucional. Curitiba, vol. 8, n. 14, 2016. p. 144.

64. BUNCHAFT, Maria Eugenia. Minimalismo Judicial, Constitucionalismo Democrático: Uma reflexão sobre os direitos de minorias sexuais na jurisprudência da Suprema Corte Norte-Americana. **Revista Novos Estudos Jurídicos.** Itajaí. Vol. 19, n. 1, p. 122 – 156, 2014. p. 150.

65. BUNCHAFT, Maria Eugenia; LIMBERGER, Temis; MOREIRA, Eduardo. O casamento entre pessoas do mesmo sexo e a Suprema Corte norte-americana: Uma análise sobre o *backlash* à luz do debate entre Constitucionalismo Democrático e Minimalismo Judicial. **Revista do Mestrado em Direito da Universidade Católica de Brasília.** Brasília, v. 10, n. 1, p. 227- 257, 2016. p. 246.

66. BUNCHAFT, Maria Eugenia. Minimalismo Judicial, Constitucionalismo Democrático: Uma reflexão sobre os direitos de minorias sexuais na jurisprudência da Suprema Corte Norte-americana. **Revista Novos Estudos Jurídicos.** Itajaí. Vol. 19, n. 1, p. 122 – 156, 2014. p. 151.

> Indubitavelmente, a mobilização dos cidadãos potencializa suas interações com os governantes, no sentido de delinear novos "*significados constitucionais*". Sustentamos que tais "*significados constitucionais*" podem ser interpretados pelo Judiciário, a partir de uma leitura moral da Constituição, de forma a inspirar uma moralidade crítica capaz de romper com valores sociais e autocompreensões assimétricas ou preconceituosas de mundo, suscitando efetiva adesão emotiva dos cidadãos ao ideário constitucional[67].

Assim, em situações em que há descaracterização do uso público da razão no processo democrático, frustrando-se a efetivação de direitos de minoria, aposta-se no Judiciário a partir da interação com os movimentos sociais, tudo com o fim de resgatar uma cultura constitucional totalizante[68].

3.2 Os princípios e as práticas: a renovação a partir dos movimentos sociais, segundo Jack Balkin e Reva Siegel

Conforme o exposto, ressaltamos que o engajamento popular acerca de questões constitucionais contribui para a confiança do povo na Constituição; que a interação entre os cidadãos e as autoridades é constitutiva e sancionada pela ordem constitucional[69]; que a conformação da sociedade americana com seus compromissos constitucionais depende da mediação entre as compreensões que regulam a aplicação dos princípios e as práticas sociais, bem como que tais comprometimentos são acreditados justamente porque a jurisdição de cada um de deles é hermeticamente delimitada – cada princípio da tradição constitucional explica alguns arranjos sociais em detrimento de outros; e, finalmente, salienta-se que qualquer alteração nesse quadro é capaz de levantar profundas questões sobre os arranjos sociais estruturantes de cada princípio[70].

Dessa forma, considerando ainda a forma como operam os princípios constitucionais dentro do sistema democrático, faz-se necessário levantar o questionamento central acerca da legitimidade da prática existente. Quando os princípios constitucionais são aplicados de maneira inovadora,

---

67. BUNCHAFT, Maria Eugenia. **Ativismo judicial e grupos estigmatizados:** filosofia constitucional do reconhecimento. 2 ed. Curitiba: Juruá, 2016. p. 42.
68. BUNCHAFT, Maria Eugenia. **Ativismo judicial e grupos estigmatizados:** filosofia constitucional do reconhecimento. 2 ed. Curitiba: Juruá, 2016. p. 39.
69. SIEGEL, Reva. Constitutional culture, social movement conflict and constitutional change: the case of the de facto ERA – 2005-06 Brennan Center Symposium Lecture. **California Law Review**. v. 94, p. 1323-1419. p. 1340.
70. SIEGEL, Reva. Constitutional culture, social movement conflict and constitutional change: the case of the de facto ERA – 2005-06 Brennan Center Symposium Lecture. **California Law Review**. v. 94, p. 1323-1419. p. 1360.

arrisca-se criar conflitos entre eles e as práticas tradicionais, condenando-se esses elementos a uma problematização mútua e polarizada. Com isso, a alegação de que uma prática consolidada pode violar um princípio constitucional impugna não somente a legitimidade dessa prática, mas também a autoridade e o alcance dos princípios constitucionais; assume-se que a renovação na aplicação de um princípio, estruturado e justificado por determinada prática social até então incontroversa, pode resultar na ressignificação dessa norma constitucional ou mesmo das próprias práticas sociais existentes[71].

Independentemente de possuírem diferentes graus de generalidade, princípios jurídicos são inteligíveis e dotados de autoridade normativa quando concatenam o conjunto de compreensões dos casos paradigmáticos, das práticas e das áreas da vida social aos quais eles são aplicados. Um princípio, portanto, deve ser acompanhado de um escopo regulatório que o faça coerente e, quando esse pano de fundo é perturbado, descola-se de suas amarras hermenêuticas, deixando de ser "claro como os princípios se aplicam ou mesmo como deveriam ser aplicados"[72].

Portanto, qualquer articulação coerente de um princípio constitucional é vinculada a uma "cena regulatória", que consiste nos problemas a serem por ele resolvidos e nas práticas a serem ou não legitimadas por sua aplicação. Esse cenário regulatório, no qual se presume a força normativa de um princípio constitucional, garante certo grau de segurança no que tange à sua forma de operação no caso concreto, ao mesmo tempo em que vincula a significação dos princípios à prática[73].

Por outro lado, quando da aplicação de um princípio de forma não convencional, do ponto de vista das práticas que habitualmente o estruturam, arrisca-se o surgimento de controvérsias acerca da jurisdição e da justificação de tais princípios constitucionais. Em outras palavras, assim como a sua nova aplicação pode ser aprovada, alternativamente, pode ser considerada conflitante com os valores que teoricamente deveria promover, surgindo, pois, "disputas acerca de quais valores o princípio supostamente deveria reivindicar"[74]. Disputa, essa, que é ao mesmo tempo positiva e normativa,

---

71. BALKIN, Jack; SIEGEL, Reva. Principles, Practices, and Social Movements. **Faculty Scholarship Series** – Yale Law School Faculty Scholarship. n. 234, p. 927-950, 2006. p. 927-928.

72. "clear how the principle applies or even whether it should apply". In: BALKIN, Jack; SIEGEL, Reva. Principles, Practices, and Social Movements. **Faculty Scholarship Series** – Yale Law School Faculty Scholarship. n. 234, p. 927-950, 2006. p. 928 e 930.

73. BALKIN, Jack; SIEGEL, Reva. Principles, Practices, and Social Movements. **Faculty Scholarship Series** – Yale Law School Faculty Scholarship. n. 234, p. 927-950, 2006. p. 931.

74. "disputes arise about which values the principle is supposed to vindicate". In: BALKIN, Jack; SIEGEL, Reva. Principles, Practices, and Social Movements. **Faculty Scholarship Series** – Yale Law School Faculty Scholarship. n. 234, p. 927-950, 2006. p. 932.

vez que "os participantes debaterão os valores que a lei promove há muito tempo e os valores que a lei deveria promover"[75].

Regra geral, essas disputas emergem da mudança na interpretação do povo acerca da realidade social, abrindo espaço, todavia, para que grupos com interesses divergentes considerem essa alteração uma ameaça às práticas estabelecidas ou uma oportunidade para ressignificar a prática comum, buscando impulsionar diferentes respostas legais a essa mudança[76]. A partir disso, mudanças tecnológicas, econômicas e sociais acabam gerando contestação política e movimentação social que, por sua vez, "mediam o significado de tais mudanças no sistema legal"[77]. Nesse sentido, esclarecem Balkin e Sigel acerca da atuação dos atores políticos e sua influência no Direito Constitucional:

> Mudanças significativas em tecnologia, economia, demografia ou lei podem motivar os atores políticos a lutar de novo sobre o significado dos princípios constitucionais. Mudanças na ecologia da aplicação de um princípio criam incerteza sobre o significado do princípio, que por sua vez fornece incentivo e oportunidade para as partes interessadas proporem novas contas da jurisdição do princípio. À medida que os atores políticos fazem novas afirmações sobre a aplicação de princípios às práticas, eles atraem outros cidadãos e funcionários para uma dinâmica que pode infundir no Direito Constitucional uma nova energia normativa e mudar as formas como ele regula as instituições da sociedade civil[78].

Inegável, então, o papel fundamental da contestação política na construção do significado e na aplicação dos princípios constitucionais; ainda que muitas vezes sejam invocados como compromissos que transcendem esse tipo de contestação, é notável que objeções políticas possam mudar

---

75. "Participants will debate the values that law has long promoted and the values that law ought to promote." In: BALKIN, Jack; SIEGEL, Reva. Principles, Practices, and Social Movements. **Faculty Scholarship Series** – Yale Law School Faculty Scholarship. n. 234, p. 927-950, 2006. p. 932.

76. BALKIN, Jack; SIEGEL, Reva. Principles, Practices, and Social Movements. **Faculty Scholarship Series** – Yale Law School Faculty Scholarship. n. 234, p. 927-950, 2006. p. 932-933.

77. "mediate the significance of such changes in the legal system" In: BALKIN, Jack; SIEGEL, Reva. Principles, Practices, and Social Movements. **Faculty Scholarship Series** – Yale Law School Faculty Scholarship. n. 234, p. 927-950, 2006. p. 933.

78. significant changes in technology, economics, demographics, or law may motivate political actors to struggle anew over the meaning of constitutional principles. Changes in the ecology of a principle's application create uncertainty about the principle's meaning, which in turn provides incentive and opportunity for interested parties to propose new accounts of the principle's jurisdiction. As political actors make new claims about the application of principles to practices, they draw other citizens and officials into a dynamic that can infuse constitutional law with new normative energy and change the ways it regulates the institutions of civil society. In: BALKIN, Jack; SIEGEL, Reva. Principles, Practices, and Social Movements. **Faculty Scholarship Series** – Yale Law School Faculty Scholarship. n. 234, p. 927-950, 2006. p. 934.

as intuições populares e profissionais sobre sua aplicação adequada[79]. Tais mudanças estão atreladas a instituições capazes de provocar a reflexão popular, contestar os enquadramentos tradicionalmente impostos e auxiliar na reformulação da opinião pública[80].

Atribui-se, a partir desse processo, papel de destaque aos movimentos sociais, vez que, considerando o conjunto estabelecido das argumentações tradicionais, eles acabam por ampliar seu alcance às novas práticas sociais[81], quando afastam os princípios assentados de seus ambientes normativos tradicionais. Em vista disso, Balkin e Siegel são pontuais ao apontarem a influência dos movimentos sociais no Direito:

> O Direito precisa de movimentos sociais, mesmo quando os movimentos sociais rompem com os ordenamentos jurídicos. Os movimentos sociais integram continuamente o Direito e as instituições da sociedade civil. Eles conectam as normas legais às crenças e as práticas das pessoas comuns, de modo a preservar uma relação entre o que a lei considera lícito e o que o público faz. Essa conexão com a ordem social assegura a vitalidade normativa do Direito, tornando-o legítimo, eficaz e exeqüível na prática[82].

Os movimentos sociais influenciam a interpretação constitucional de duas formas. A primeira delas, segundo Balkin, se dá a partir do entrincheiramento partidário: os movimentos sociais, por meio de sua ingerência na política cotidiana, podem influenciar as nomeações presidenciais para o judiciário, vez que os partidos políticos nomeiam juristas para os tribunais federais, agentes que compartilham de seus posicionamentos ideológicos, gerando, ao longo do tempo, mudanças significativas na doutrina constitucional[83].

A outra forma de influência consolida-se a partir da reforma da opinião popular nacional e, particularmente, da opinião das elites nacionais,

---

79. BALKIN, Jack; SIEGEL, Reva. Principles, Practices, and Social Movements. **Faculty Scholarship Series** – Yale Law School Faculty Scholarship. n. 234, p. 927-950, 2006. p. 928.

80. BALKIN, Jack; SIEGEL, Reva. Principles, Practices, and Social Movements. **Faculty Scholarship Series** – Yale Law School Faculty Scholarship. n. 234, p. 927-950, 2006. p. 946.

81. BALKIN, Jack; SIEGEL, Reva. Principles, Practices, and Social Movements. **Faculty Scholarship Series** – Yale Law School Faculty Scholarship. n. 234, p. 927-950, 2006. p. 946.

82. "The law needs social movements, even as social movements disrupt legal orderings. Social movements continuously integrate law and the institutions of civil society. They connect legal norms to the beliefs and practices of ordinary people, so as to preserve a relationship between what the law regards as licit and what the public does. This connection to the social order secures the normative vitality of the law, making it legitimate, efficacious, and practically enforceable." In: BALKIN, Jack; SIEGEL, Reva. Principles, Practices, and Social Movements. **Faculty Scholarship Series** – Yale Law School Faculty Scholarship. n. 234, p. 927-950, 2006. p. 946.

83. BALKIN, Jack. How social movements change (or fail to change) the Constitution: the case of the New Departure. **Faculty Scholarship Series** – Yale Law School Faculty Scholarship. n. 235, p. 27-65, 2005. p. 30-32.

resultante de um movimento de contestação dos significados sociais existentes e da legitimidade ou não de determinadas práticas e instituições. É inegável que as decisões dos tribunais tendem a refletir o centro da opinião pública nacional e, consequentemente, as opiniões das elites nacionais[84], haja vista o Tribunal ser composto por elites profissionais relativamente bem relacionadas[85]. Dessa forma, apelos aos valores das elites nacionais tendem a reformular a doutrina constitucional a partir dos juízes em exercício, enquanto a estratégia do entrincheiramento partidário é capaz de renovar o quadro de pessoal dos tribunais. Os valores de elite, da mesma forma que a opinião popular em geral, por vezes se alteram com o tempo em resposta à contestação dos movimentos sociais, e os juízes, que permanecem membros dessas elites, podem alterar suas opiniões[86], porque, para Balkin,

> quando os movimentos sociais recorrem com sucesso às mudanças no mundo social, eles não apenas mudam a percepção dos fatos, mas também reformulam os valores, os pressupostos e os significados sociais usados para interpretar e estruturar esses fatos. Os movimentos sociais promovem a mudança constitucional ao moldar a experiência do público (e especialmente das elites políticas) de saliência e relevância, através da tutela de seu senso comum sobre como o mundo mudou, o que essa mudança significa e o que deve ser feito a respeito. Quando um movimento social é verdadeiramente bem-sucedido, os juízes verão sua concepção alterada do mundo social não como a imposição proibida de valores pessoais a um público relutante, mas como a aplicação do simples senso comum[87].

84. Como exemplo: a decisão do caso Roe *versus* Wade. De acordo com o que foi visto na seção anterior, os movimentos sociais amarraram os direitos reprodutivos às normas sociais em mudança produzidas fundamentadas no argumento médico, no controle de natalidade e na revolução sexual, consubstanciados nos valores das elite e, portanto, dos juízes federais e juízes da Suprema Corte. Dessa forma os movimentos sociais podem às vezes ganhar uma audiência receptiva, não exercendo influência nos partidos políticos, mas através de apelos não partidários aos valores, crenças e suposições das elites nacionais. Jack Balkin defende também a ideia de que outra forma de influência dos movimentos sociais In: BALKIN, Jack. How social movements change (or fail to change) the Constitution: the case of the New Departure. **Faculty Scholarship Series** – Yale Law School Faculty Scholarship. n. 235, p. 27-65, 2005. p. 33.
85. BALKIN, Jack. What Brown teaches us about constitutional theory. **Virginia Law Review,** v. 90, n. 4, p. 1537-1577, 2004. p. 1539.
86. BALKIN, Jack. How social movements change (or fail to change) the Constitution: the case of the New Departure. **Faculty Scholarship Series** – Yale Law School Faculty Scholarship. n. 235, p. 27-65, 2005. p. 32-33.
87. "when social movements successfully appeal to changes in the social world, they not only shift perceptions of facts but also reshape the values, assumptions, and social meanings that are used to interpret and frame those facts. Social movements promote constitutional change by shaping the public's (and especially political elites') experience of salience and relevance, through tutoring their common sense about how the world has changed, what that change means, and what should be done about it. When a social movement is truly successful, judges will see their changed conception

Contudo, mesmo que os movimentos sociais consigam garantir a concretização de suas reivindicações constitucionais através da transformação dos valores da elite, tais vitórias podem não ser duradouras. Sem o apoio dos movimentos sociais subsequentes, "os empreendedores políticos de um partido ou outro podem atacar a aplicação judicial desses valores de elite por meio de uma série de apelos populistas". Nesse sentido, ambas as estratégias se fundem, pois para garantir o domínio de uma interpretação constitucional em longo prazo, os movimentos sociais devem convencer tanto a opinião pública em geral quanto a da elite[88].

Em suma a mobilização política, ao desestabilizar a ordem assentada, perturba a conexão entre o Direito e a ordem social, produzindo alteração jurídica manifestada na produção legislativa, judicial ou em ambas, de forma que os movimentos sociais concedem aos atores não governamentais oportunidade de diálogo com instituições de poder, garantindo-lhes participação no processo de desenvolvimento de normas constitucionais; o que se equivale, portanto, a canais informais pelos quais as pessoas podem engajar instituições jurídicas, estas formais, acerca da direção e do ritmo do desenvolvimento constitucional[89].

Portanto, mesmo sem autoridade oficial no sistema legal, por influenciarem a ordem social da qual dependem a lei e os tribunais, os movimentos sociais podem modificar o significado das normas constitucionais e, destarte, alterar a legitimidade ou ilegitimidade constitucional de determinadas práticas sociais. Sua atuação pode transformar o significado das leis e o ambiente normativo no qual elas são interpretadas e compreendidas, acarretando inovação na aplicação desses princípios, afirmando-se práticas anteriormente consideradas ilegítimas e não abarcadas por eles[90]. Consequentemente, "em razão da contestação dos movimentos sociais, a lei pode alcançar outro sentido diverso do anterior"[91].

---

of the social world not as the forbidden imposition of personal values on an unwilling public but as the application of simple common sense". In: BALKIN, Jack. How social movements change (or fail to change) the Constitution: the case of the New Departure. In: BALKIN, Jack. How social movements change (or fail to change) the Constitution: the case of the New Departure. **Faculty Scholarship Series** – Yale Law School Faculty Scholarship. n. 235, p. 27-65, 2005. p. 35.

88. BALKIN, Jack. How social movements change (or fail to change) the Constitution: the case of the New Departure. **Faculty Scholarship Series** – Yale Law School Faculty Scholarship. n. 235, p. 27-65, 2005. p. 36.

89. BALKIN, Jack; SIEGEL, Reva. Principles, Practices, and Social Movements. **Faculty Scholarship Series** – Yale Law School Faculty Scholarship. n. 234, p. 927-950, 2006. p. 946-947.

90. BALKIN, Jack; SIEGEL, Reva. Principles, Practices, and Social Movements. **Faculty Scholarship Series** – Yale Law School Faculty Scholarship. n. 234, p. 927-950, 2006. p. 949.

91. "Because of social movement contestation, law can mean things that it did not mean before". In: BALKIN, Jack; SIEGEL, Reva. Principles, Practices, and Social Movements. **Faculty Scholarship Series** – Yale Law School Faculty Scholarship. n. 234, p. 927-950, 2006. p. 949.

Cumpre frisar que, muito embora reconheçamos a força renovadora dos movimentos sociais, estes não conseguem gerir diretamente a mudança dos significados sociais nem a forma como eles serão reassentados como resultado da possível ruptura interpretativa. Os movimentos sociais geralmente produzem contramobilizações, que surgem para contestar suas reivindicações, e a pressão oriunda desse movimento acaba por gerar um novo equilíbrio na compreensão de quais práticas são socialmente lícitas e legítimas e sobre quais exercícios do poder público são constitucionalmente adequados[92]. Desta feita, os movimentos sociais

> constroem o clima normativo semântico no qual as pessoas falam sobre as grandes questões constitucionais do dia. Os movimentos sociais apreendem e interpretam mudanças sociais, econômicas e tecnológicas. Eles reinterpretam o cenário mutável da regulação. Eles dão às pessoas uma noção de quem são e por que devem ser prejudicadas pelas práticas existentes. Eles ajudam a construir interesses, metas e normas. Finalmente, eles podem desempenhar um papel importante na reorientação do Direito para mudar os entendimentos sociais de modo que as instituições legais e sociais permaneçam em relação dinâmica entre si[93].

A partir dessa premissa, atribui-se aos tribunais[94] papel majoritariamente reativo às reivindicações dos movimentos sociais, cabendo-lhes "reconstituírem e reformularem a lei à luz da contestação política, reconstruindo racionalmente e sintetizando mudanças nas normas políticas" de acordo com o que já está posto. Assim, ao absorverem os choques causados pelos movimentos sociais, os tribunais auxiliam na reconstituição das compreensões sociais na esteira dos movimentos de luta, codificando suas

---

92. BALKIN, Jack; SIEGEL, Reva. Principles, Practices, and Social Movements. **Faculty Scholarship Series** – Yale Law School Faculty Scholarship. n. 234, p. 927-950, 2006. p. 949-450.

93. "They construct the semantic normative climate in which people talk about the great constitutional issues of the day. Social movements apprehend and construe social, economic, and technological change. They reinterpret the changing scene of regulation. They give people a sense of who they are and why they should be aggrieved by existing practices. They help construct interests, aims, and norms. Finally, they can play an important role in reorienting law to shifting social understandings so that legal and social institutions remain in dynamic relation to one another". In: BALKIN, Jack; SIEGEL, Reva. Principles, Practices, and Social Movements. **Faculty Scholarship Series** – Yale Law School Faculty Scholarship. n. 234, p. 927-950, 2006. p. 948.

94. Os movimentos de reforma tendem a não confiar principalmente no Poder Judiciário para impulsionar suas demandas em razão da potencialidade de decisões judiciais, em casos controversos, promoverem ampla resistência popular; contudo, quando o litígio faz parte de uma estratégia mais abrangente que visa à ação direta e a reforma legislativa, é mais provável que esses movimentos tenham êxito e progridam mas rápido na direção do reconhecimento de suas pautas a partir do Judiciário. In: BALKIN, Jack. What Brown teaches us about constitutional theory. **Virginia Law Review,** v. 90, n. 4, p. 1537-1577, 2004. p. 1546.

possíveis vitórias e derrotas, mas sem possuírem a primeira ou a última palavra relativa a essas lutas[95].

Em síntese, os movimentos sociais alteram os significados sociais e reformulam as normas constitucionais nesse processo; renovam a forma como as pessoas - inclusas aquelas que decidem - entendem o significado da Constituição[96]. O conflito do movimento social, habilitado e restringido pela cultura constitucional, pode criar novas formas de compreensão constitucional, dinâmica que vem a guiar os funcionários na interpretação da linguagem aberta dos direitos constitucionalmente garantidos[97].

Ainda assim, para agirem como agentes dessa renovação, os movimentos sociais devem promover suas reivindicações de acordo com certas restrições impostas pela cultura constitucional. A primeira delas se consubstancia no conjunto historicamente em evolução de entendimentos sobre como os cidadãos e funcionários interagem quando suas opiniões acerca da Constituição são divergentes. Essa restrição é chamada por Siegel de "condição de consentimento", a qual requer que a persuasão argumentativa faça referência à Constituição, estabelecendo uma comunidade vinculada por convicção e não por coerção. Ao limitar o exercício da violência, a condição de consentimento habilita os cidadãos a defenderem visões divergentes sobre o significado constitucional[98], sob as seguintes condições:

> A reivindicação não precisa estar de acordo com quaisquer relatos oficiais do significado da Constituição, nem precisa ser buscada através de qualquer foro oficial para articular a Constituição como lei. Uma reivindicação dissidente pode divergir das interpretações estabelecidas, desde que faça apelo aos seus destinatários na forma de uma afirmação sobre o significado de uma constituição à qual falante e destinatário compartilham fidelidade[99].

---

95. "reconstitute and reformulate law in the light of political contestation, rationally reconstructing and synthesizing changes in political norms" In: BALKIN, Jack; SIEGEL, Reva. Principles, Practices, and Social Movements. **Faculty Scholarship Series** - Yale Law School Faculty Scholarship. n. 234, p. 927-950, 2006. p. 947.

96. BALKIN, Jack. What Brown teaches us about constitutional theory. **Virginia Law Review,** v. 90, n. 4, p. 1537-1577, 2004. p. 1558.

97. SIEGEL, Reva. Constitutional culture, social movement conflict and constitutional change: the case of the de facto ERA - 2005-06 Brennan Center Symposium Lecture. **California Law Review**. v. 94, p. 1323-1419. p. 1323.

98. SIEGEL, Reva. Constitutional culture, social movement conflict and constitutional change: the case of the de facto ERA - 2005-06 Brennan Center Symposium Lecture. **California Law Review**. v. 94, p. 1323-1419. p. 1352.

99. "The claim need not conform to any official accounts of the Constitution's meaning, nor need it be pursued through any official forum for articulating the Constitution as law. A dissenting claim can diverge from established interpretations so long as it makes appeal to its addressees in the form of an assertion about the meaning of a constitution to which speaker and addressee share fealty." In:

Essas reivindicações satisfazem a condição de consentimento pelo fato de cumprirem o critério de participação na ordem constitucional, buscando mudanças a partir da própria Constituição, independentemente da não utilização de meios persuasivos não violentos[100]. Esse critério também legitima a reivindicação popular acerca do sentido constitucional, vez que, no caso dos norte-americanos, o preâmbulo já anuncia que sua autoria é de "Nós, o Povo"[101].

A segunda restrição, chamada de "condição de valor público", é a exigência de que as reivindicações sejam fundamentadas com recurso a "entendimentos constitucionais mais antigos que a comunidade reconhece e compartilha". Sem impor que os reivindicantes apelem aos relatos das autoridades acerca do significado constitucional, ela requer que eles "traduzam julgamentos parciais e partidários sobre o significado constitucional para a linguagem de uma tradição comum"[102].

Os movimentos devem defender sua interpretação do texto constitucional como "princípios reivindicadores e memórias de uma tradição compartilhada", sendo-lhes bastante as restrições de consentimento e valor público. Os esforços de um movimento social em satisfazer essas condições de argumentação garantirão a transformação do significado da tradição conforme seus objetivos partidários[103].

Contudo, por ser o significado da Constituição dinâmico e sensível ao engajamento público, quando um movimento de mudança constitucional está ganhando credibilidade, possibilita-se a organização de um fenômeno que pode ser denominado contramovimento, o qual visa a defender os entendimentos e arranjos tradicionalmente estabelecidos. Assim, o esforço de um contramovimento no sentido de revigorar as justificações de compreensões e práticas contestadas e refutar as novas afirmações interpretativas sobre a tradição constitucional. Consequentemente, para persuadir o público, um

---

SIEGEL, Reva. Constitutional culture, social movement conflict and constitutional change: the case of the de facto ERA – 2005-06 Brennan Center Symposium Lecture. **California Law Review**. v. 94, p. 1323-1419. p. 1352-1253.

100. SIEGEL, Reva. Constitutional culture, social movement conflict and constitutional change: the case of the de facto ERA – 2005-06 Brennan Center Symposium Lecture. **California Law Review**. v. 94, p. 1323-1419. p. 1354.

101. SIEGEL, Reva. Constitutional culture, social movement conflict and constitutional change: the case of the de facto ERA – 2005-06 Brennan Center Symposium Lecture. **California Law Review**. v. 94, p. 1323-1419. p. 1356.

102. SIEGEL, Reva. Constitutional culture, social movement conflict and constitutional change: the case of the de facto ERA – 2005-06 Brennan Center Symposium Lecture. **California Law Review**. v. 94, p. 1323-1419. p. 1356.

103. SIEGEL, Reva. Constitutional culture, social movement conflict and constitutional change: the case of the de facto ERA – 2005-06 Brennan Center Symposium Lecture. **California Law Review**. v. 94, p. 1323-1419. p. 1357.

movimento que propugne a inovação interpretativa deve responder às objeções do contramovimento, que, com isso, impõe dificuldades para que o movimento social reivindique uma tradição constitucional a fim de satisfazer as condições de consentimento e de valor público[104].

Essas novas alegações sobre os princípios constitucionais, no entanto, provavelmente não serão convincentes se representarem "o significado da tradição constitucional em termos que ameaçam o status ou o modo de vida de sua audiência"; nesta senda, as condições de inteligibilidade da Constituição consubstanciam-se em restrições a mudanças independentemente da intermediação do Estado[105]. Tal afirmação traz à tona a questão relativa às assimetrias de poder e aos discursos majoritários que servem de pano de fundo para a perpetuação dessas injustiças. Sobre esse tema, é clara a assertiva de Siegel ao referir que

> Deve-se enfatizar que, como a condição de consentimento não garante a igualdade entre os recursos ou a autoridade, pode naturalizar formas de subordinação radicalmente antidemocráticas. As formas de comunidade realizadas através de argumentos constitucionais dependem das estruturas sociais que mediam a relação de falante e destinatário. Se a ordem constitucional é marcada pela estratificação social ou as oportunidades para a voz democrática são formal ou estruturalmente desiguais, a condição de consentimento provavelmente funcionará de maneira a reproduzir e legitimar essas condições[106].

Diante desse cenário, faz-se necessário buscar uma teoria que nos possibilite desconstruir as assimetrias perpetuadas no universo da esfera pública oficial, razão pela qual a próxima seção será dedicada à produção teórica de Nancy Fraser.

---

104. SIEGEL, Reva. Constitutional culture, social movement conflict and constitutional change: the case of the de facto ERA – 2005-06 Brennan Center Symposium Lecture. **California Law Review**. v. 94, p. 1323-1419. p. 1362-1363.

105. SIEGEL, Reva. Constitutional culture, social movement conflict and constitutional change: the case of the ERA – 2005-06 Brennan Center Symposium Lecture. **California Law Review**. v. 94, p. 1323-1419. p. 1359-1360.

106. "It should be emphasized that because the consent condition does not guarantee speakers equality of resources or authority, it can naturalize radically antidemocratic forms of subordination. The forms of community realized through constitutional argument depend on the social structures that mediate the relation of speaker and addressee. If the constitutional order is marked by social stratification or opportunities for democratic voice are formally or structurally unequal, the consent condition is likely to operate in ways that will reproduce and legitimate these conditions". In: SIEGEL, Reva. Constitutional culture, social movement conflict and constitutional change: the case of the de facto ERA – 2005-06 Brennan Center Symposium Lecture. **California Law Review**. v. 94, p. 1323-1419. p. 1356.

3.3 Contrapublicidade subalterna: reivindicações de Nancy Fraser por representação

Preliminarmente, faz-se necessário, para a compreensão do constructo teórico de Nancy Fraser e do seu desdobramento enquanto teoria social crítica, contextualizar sua relação com a teoria marxista, ponto de partida de seu trabalho intelectual, o qual não se eximiu de enfrentar a problemática econômica frente aos movimentos objetos de seu estudo, ficando evidente sua preocupação não somente com as bandeiras de reivindicação do feminismo, mas também com a nova roupagem que elas acabam tomando diante do neoliberalismo que, muitas vezes, passam despercebidas.

Fraser reconhece que o capitalismo vem sofrendo uma crise, a qual, segundo ela, é heterogênea, atingindo desde o campo financeiro até os setores da ecologia e da política social, bem como sustentada em uma raiz comum[107]. Para a autora, a produção teórica crítica, por levar em consideração apenas um fundamento econômico na conceituação dessa crise, acaba não conseguindo elucidá-la adequadamente, de forma a deixar de lado diversas questões relativas à desigualdade[108].

A questão da desigualdade, não nega Fraser, estaria fundamentada na exploração e na alienação resultantes do modo de produção, porém não se esgotaria aí. Com o desenvolvimento do sistema capitalista, as demandas individuais e coletivas também se complexificaram, de modo a ampliarem e diversificarem ainda mais as formas de desigualdade. Na leitura de Fraser acerca da realidade neoliberal, as questões de gênero, ecologia e poder político assumem papel central, de forma que ela passa a reconhecê-los como princípios estruturantes e eixos das desigualdades nas sociedades capitalistas[109].

Decorre dessa leitura que, para Fraser, o capitalismo é uma ordem social institucionalizada, ou seja, apesar de tratar suas relações sociais estruturantes como se fossem exclusivamente econômicas, o capitalismo precisa sustentá-las em condições de fundo não econômicas, para que elas existam[110] e, reconhecer tais fatores não econômicos é, para a autora, condição de possibilidade para compreendermos o capitalismo do séc. XXI.

Pontualmente, pela incursão na teoria feminista, abordarmos três desses fatores, chamados por Fraser de giros epistemológicos. Por primeiro, o giro

107. FRASER, NANCY. Por trás do laboratório secreto de Marx: por uma concepção expandida do capitalismo. **Direito e Práxis**, Rio de Janeiro, v. 6, n. 10, p. 704-728, 2015. p. 705.

108. FRASER, NANCY. Por trás do laboratório secreto de Marx: por uma concepção expandida do capitalismo. **Direito e Práxis**, Rio de Janeiro, v. 6, n. 10, p. 704-728, 2015. p. 705-706.

109. FRASER, NANCY. Por trás do laboratório secreto de Marx: por uma concepção expandida do capitalismo. **Direito e Práxis**, Rio de Janeiro, v. 6, n. 10, p. 704-728, 2015. p. 707.

110. FRASER, NANCY. Por trás do laboratório secreto de Marx: por uma concepção expandida do capitalismo. **Direito e Práxis**, Rio de Janeiro, v. 6, n. 10, p. 704-728, 2015. p. 719-720.

da produção para a reprodução social, que consiste nas formas de provisionamento, atenção e interação que produzem e mantêm os laços sociais, os quais, nas sociedades capitalistas, ocorrem fora do mercado e que, mesmo não assumindo forma de trabalho remunerado, tais atividades acabam por ser imprescindíveis à manutenção da produção capitalista[111].

Em segundo lugar, a separação entre trabalho produtivo remunerado e trabalho produtivo não remunerado, que garante a subordinação das mulheres em razão do não reconhecimento do trabalho habitualmente desenvolvido por elas. Esse movimento, segundo a autora, surge concomitantemente ao capitalismo e vem modificando-se historicamente. Exemplificando, ela cita a inserção das mulheres no mercado formal de trabalho como manutenção dessa hierarquização de gênero[112].

E, finalmente, a dependência do capitalismo para estabelecer e impor suas normas constitutivas por meio do poder público, tendo em vista que historicamente tem sido o sistema jurídico dos Estados que, a partir das arenas despolitizadas, estrutura a economia capitalista[113].

Esse diagnóstico ainda pode ser apontado como fundamento para outra questão relevante na teoria de Nancy Fraser. Segundo ela, a segunda onda do feminismo obteve sucesso exclusivamente em transformar o arcabouço cultural da sociedade, falhando, todavia, em garantir mudanças efetivas no seio das instituições. Os ideais de igualdade de gênero se acomodaram no *mainstream* social sem que fossem compreendidos na prática, de forma a legitimarem uma transformação estrutural da sociedade capitalista no sentido contrário às demandas feministas por uma sociedade justa[114].

A relação entre o feminismo e o neoliberalismo é engendrada por Fraser a partir do movimento de desenvolvimento do espírito capitalista pós-fordista, seguido pela eclosão da segunda onda do feminismo, no início da década de 1970, e, em seguida, pela instrumentalização dessas bandeiras feministas por parte da agenda neoliberal. O capitalismo organizado pelo Estado[115], para Fraser, estava fundado em quatro pilares:

---

111. FRASER, NANCY. Por trás do laboratório secreto de Marx: por uma concepção expandida do capitalismo. **Direito e Práxis**, Rio de Janeiro, v. 6, n. 10, p. 704-728, 2015. p. 713.

112. FRASER, NANCY. Por trás do laboratório secreto de Marx: por uma concepção expandida do capitalismo. **Direito e Práxis**, Rio de Janeiro, v. 6, n. 10, p. 704-728, 2015. p. 714-715.

113. FRASER, NANCY. Por trás do laboratório secreto de Marx: por uma concepção expandida do capitalismo. **Direito e Práxis**, Rio de Janeiro, v. 6, n. 10, p. 704-728, 2015. p. 718.

114. FRASER, Nancy. O feminismo, o capitalismo e a astúcia da história. **Mediações**, Londrina, v. 14, n. 2, p. 11-33, 2009. p. 13-14.

115. Ao empregar esse conceito, Fraser refere-se à formação social hegemônica na era do pós-guerra, pela qual os Estados exerceram um papel ativo em conduzir suas economias nacionais a partir da implementação de "várias formas de dirigismo, incluindo investimento infra-estrutural, política industrial, tributação redistributiva, provisão social, regulamento empresarial, nacionalização de algumas

O primeiro deles, o economicismo, refere-se à utilização do poder público para regular os mercados econômicos, vez que, diante desse contexto, as questões sociais passaram a ser estruturadas em termos de uma equitativa distribuição dos bens divisíveis, especialmente de renda e de empregos, resultando em injustiça social e desigualdade de classes[116].

O androcentrismo, por sua vez, seria determinante de um tipo ideal de cidadão com base no sexo, na etnia e no trabalho, de forma a considerar suplementar qualquer ganho monetário por parte das mulheres. Referida construção, em que o homem ocupa a função de manutenção do lar, serviu como ideal social e como base para a política estatal em matéria de emprego, bem-estar social e desenvolvimento. E, uma vez institucionalizada a compreensão androcêntrica de família e de trabalho, restaram naturalizadas as injustiças de gênero, impedindo sua contestação política[117].

O estatismo, por conseguinte, atribuiu ao cidadão ativo, por apostar na burocratização das questões políticas, o status de consumidor, introduzindo uma cultura despolitizada, que compreendia questões de justiça como mera tecnicidade, de forma a colocar os cidadãos na posição de recipientes passivos de satisfações definidas e praticadas verticalmente, como se não pudessem interpretar suas necessidades democraticamente por meio de deliberação política e contestação[118].

E, por fim, o westfalianismo, consistente no encerramento da compreensão de cidadania em limites territoriais que, ao institucionalizar a visão de que o comprometimento compulsório da justiça só se aplicava entre concidadãos, truncava o alcance da justiça, marginalizando as injustiças trans-nacionais[119].

Numeradas as características centrais do capitalismo organizado pelo Estado, Fraser ainda salienta terem sido elas responsáveis por impulsionar as reivindicações das feministas de segunda onda num movimento de contestação que, a partir da politização, incluiu no debate público questões anteriormente tratadas como privadas, como sexualidade, serviços domésticos, reprodução e

---

indústrias-chave e desmercantilização de bens públicos", no que diz respeito à realidade dos países participantes da Organização para a cooperação e desenvolvimento econômico – OECD e aqueles que utilizaram suas capacidades para iniciar o crescimento econômico nacional por meio de políticas de substituição de importação, investimento infra-estrutural, nacionalização de indústrias-chave e gastos públicos em educação, no contexto dos países de terceiro mundo. In: FRASER, Nancy. O feminismo, o capitalismo e a astúcia da história. **Mediações**, Londrina, v. 14, n. 2, p. 11-33, 2009. p. 15.

116. FRASER, Nancy. O feminismo, o capitalismo e a astúcia da história. **Mediações**, Londrina, v. 14, n. 2, p. 11-33, 2009. p. 16.
117. FRASER, Nancy. O feminismo, o capitalismo e a astúcia da história. **Mediações**, Londrina, v. 14, n. 2, p. 11-33, 2009. p. 16.
118. FRASER, Nancy. O feminismo, o capitalismo e a astúcia da história. **Mediações**, Londrina, v. 14, n. 2, p. 11-33, 2009. p. 17.
119. FRASER, Nancy. O feminismo, o capitalismo e a astúcia da história. **Mediações**, Londrina, v. 14, n. 2, p. 11-33, 2009. p. 17.

violência contra a mulher; fenômeno, esse, que resultou na ampliação do campo da justiça, de forma que a injustiça abrangesse não apenas questões econômicas, mas também desigualdades de status e assimetrias de poder político[120].

A consciência acerca da importância das questões de gênero forneceu ao movimento feminista de segunda onda suporte para propor um Estado democrático e participativo que empoderasse seus cidadãos para que participassem dos processos de interpretação de suas necessidades, bem como para que, quanto à questão prática acerca da divisão sexista do trabalho, reivindicassem a transformação das estruturas profundas do sistema e os valores que o estimulam, descentralizando o trabalho assalariado e valorizando as atividades não remuneradas[121].

Por reconhecerem suas lutas como multidimensionais, voltadas contra a exploração econômica, a hierarquia de status e a sujeição política, para Fraser

> o feminismo surgiu como parte de um projeto emancipatório mais amplo, no qual as lutas contra injustiças de gênero estavam necessariamente ligadas à luta contra o racismo, o imperialismo, a homofobia e a dominação de classes, todas as quais exigiam uma transformação das estruturas profundas da sociedade capitalista[122].

Contudo, a eclosão da segunda onda do feminismo coincidiu com uma transformação no caráter do capitalismo, o então chamado neoliberalismo que, a partir da privatização, da responsabilização pessoal e da diminuição dos Estados, garantiu o controle da política pelo mercado, também ressignificando os quatro pontos centrais da crítica feminista[123].

Concomitante com a ascensão do neoliberalismo, observou-se uma alteração na cultura política das sociedades capitalistas, sendo as reivindicações por justiça expressadas como reivindicações do reconhecimento da identidade e da diferença, ensejando, na prática, a subordinação das lutas sócio-econômicas às lutas pelo reconhecimento, resultando em um culturalismo unilateral. Em realidade, o que ocorreu foi a sedimentação das críticas em um viés econômico e em outro cultural, possibilitando afinidade com os ideias neoliberais[124].

---

120. FRASER, Nancy. O feminismo, o capitalismo e a astúcia da história. **Mediações**, Londrina, v. 14, n. 2, p. 11-33, 2009. p. 18.
121. FRASER, Nancy. O feminismo, o capitalismo e a astúcia da história. **Mediações**, Londrina, v. 14, n. 2, p. 11-33, 2009. p. 19-20.
122. FRASER, Nancy. O feminismo, o capitalismo e a astúcia da história. **Mediações**, Londrina, v. 14, n. 2, p. 11-33, 2009. p. 22.
123. FRASER, Nancy. O feminismo, o capitalismo e a astúcia da história. **Mediações**, Londrina, v. 14, n. 2, p. 11-33, 2009. p. 22-23.
124. FRASER, Nancy. O feminismo, o capitalismo e a astúcia da história. **Mediações**, Londrina, v. 14, n. 2, p. 11-33, 2009. p. 24.

A nova narrativa do capitalismo[125], diante da inserção das mulheres no mercado formal de trabalho, passa a sustentar o ideal de família em que homens e mulheres participam da manutenção financeira do lar, aparentado ser fruto do avanço feminino e da justiça de gênero. No entanto, essa concepção reforça a subordinação da emancipação das mulheres à "máquina de acúmulo capitalista", intensificando a valorização do trabalho assalariado[126].

Diante do neoliberalismo, as lacunas assistenciais deixadas pelo encolhimento dos Estados acarretaram o incentivo da provisão pública por parte da iniciativa privada, feita com foco individual, a exemplo do micro-crédito. Ou seja, a crítica feminista ao paternalismo burocrático, que visava ao empoderamento dos cidadãos, também foi recuperada para legitimar a mercantilização e a redução do Estado[127].

Com a globalização e a decadência da concepção de limitação das questões de justiça aos Estados territoriais, houve a ascensão de uma nova forma de ativismo feminista que buscava atingir questões até então deixadas de lado; todavia, diante da dificuldade de ação em âmbito estatal, muitas feministas, ao engajarem-se à tendência transnacional, sucumbiram à divisão entre direitos civis e políticos, privilegiando o reconhecimento sobre a redistribuição e dando voz desproporcional às elites[128].

O desaparecimento do comunismo, a força da ideologia do livre mercado e a ascensão da política da identidade contribuíram para reestruturação da produção dogmática e dos movimentos sociais no concerne às reivindicações por justiça social. Durante cerca de 150 anos, toda a produção que girava em torno da busca pela efetivação da justiça fundamentou-se em demandas por igual distribuição de renda e de riqueza. Ocorre que, progressivamente, as reivindicações por reconhecimento vêm ganhando espaço tanto nos bancos acadêmicos, quanto nas ruas no que diz respeito às lutas por justiça[129].

---

125. Fraser apresenta o argumento de Luc Boltanski e Ève Chiapello acerca da capacidade do capitalismo de se refazer periodicamente recuperando tendências críticas dirigidas a ele a partir da ressignificação no sentido de legitimar uma nova forma emergente de capitalismo, porém adverte que essa construção não observa as questões de gênero, sendo assim incompleta. FRASER, Nancy. O feminismo, o capitalismo e a astúcia da história. **Mediações**, Londrina, v. 14, n. 2, p. 11-33, 2009. p. 24.
126. FRASER, Nancy. O feminismo, o capitalismo e a astúcia da história. **Mediações**, Londrina, v. 14, n. 2, p. 11-33, 2009. p. 24-26.
127. FRASER, Nancy. O feminismo, o capitalismo e a astúcia da história. **Mediações**, Londrina, v. 14, n. 2, p. 11-33, 2009. p. 26-27.
128. FRASER, Nancy. O feminismo, o capitalismo e a astúcia da história. **Mediações**, Londrina, v. 14, n. 2, p. 11-33, 2009. p. 27-28.
129. FRASER, Nancy. La justicia social em la era de la política de la identidade: Redistribución, reconocimiento y participación. In: FRASER, Nancy; HONNETH, Axel. **¿Redistribución o reconocimiento?** Un debate político-filosófico. Madrid: Ediciones Morata S. L., 2006. p. 17-18.

Sem deixar de considerar a diferença terminológica entre *redistribuição* e *reconhecimento* no campo da filosofia[130], Fraser procura dar enfoque às construções políticas desses tipos de reivindicações para demonstrar a possibilidade de conciliação entre essas duas dimensões: enquanto as reivindicações por redistribuição tendem a equiparar-se às políticas de classe, as relativas ao reconhecimento se aproximam da política de identidade. Ocorre que, se analisadas exclusivamente por este prisma, elas acabam se autoexcluindo, seja por negar visibilidade às questões de gênero, raça e sexo nas lutas de classe, seja por limitaras reivindicações de reconhecimento à afirmação da especificidade do grupo[131]. Segundo Fraser,

> Essa interpretação assume que os sujeitos coletivos da injustiça são classes sociais ou grupos de status, mas não ambas as coisas; que a injustiça que sofrem se deve à má distribuição ou ao reconhecimento errôneo, mas não às duas coisas; que a diferença dos grupos em questão são diferenciais injustos ou variações injustamente desvalorizadas, mas não ambos. (tradução nossa)[132].

Então, a partir da questão de gênero, Fraser demonstra que as reivindicações por redistribuição e por reconhecimento não são antíteses, mas, se consideradas como complementares, podem atribuir caráter bidimensional às injustiças. Nessas categorias "a diferença se estabelece a partir de diferenciais econômicos e de padrões institucionalizados de valor cultural", "tanto a má distribuição como o reconhecimento errôneo são fundamentais"[133].

---

130. Enquanto termos filosóficos, redistribuição e reconhecimento possuem origens diferentes. Redistribuição provém da tradição liberal. O termo *reconhecimento* provém da filosofia hegeliana e da fenomenologia da consciência. Portanto, o reconhecimento implica a tese hegeliana, considerada frequentemente oposta ao individualismo liberal, de que as relações sociais são anteriores aos indivíduos e a intersubjetividade é anterior à subjetividade. FRASER, Nancy. La justicia social em la era de la política de la identidade: Redistribución, reconocimiento y participación. In: FRASER, Nancy; HONNETH, Axel. **¿Redistribución o reconocimiento?** Un debate político-filosófico. Madrid: Ediciones Morata S. L., 2006. p. 20.

131. FRASER, Nancy. La justicia social em la era de la política de la identidade: Redistribución, reconocimiento y participación. In: FRASER, Nancy; HONNETH, Axel. **¿Redistribución o reconocimiento?** Un debate político-filosófico. Madrid: Ediciones Morata S. L., 2006. p. 21.

132. "Esa interpretación assume que los sujetos colectivos de la injusticia son classes sociales o grupos de estatus, pero no ambas cosas; que la injusticia que sufren se debe a la mala destribuición o al reconocimiento erróneo, pero no a las dos cosas que la diferencia de los grupos em cuestión son diferenciales injustos o variaciones injustamente devaluadas, pero no ambos." FRASER, Nancy. La justicia social em la era de la política de la identidade: Redistribución, reconocimiento y participación. In: FRASER, Nancy; HONNETH, Axel. **¿Redistribución o reconocimiento?** Un debate político-filosófico. Madrid: Ediciones Morata S. L., 2006. p. 30.

133. "... la diferencia se estabelece a partir de diferenciales económicos y de patrones institucionalizados de valor cultural. Aquí, tanto la mala distribución como el reconocimiento erróneo so fundamentales." FRASER, Nancy. La justicia social em la era de la política de la identidade: Redistribución, reconocimiento y participación. In: FRASER, Nancy; HONNETH, Axel. **¿Redistribución o reconocimiento?** Un debate político-filosófico. Madrid: Ediciones Morata S. L., 2006. p. 30.

Se, em um primeiro momento, Fraser teorizou somente acerca das reivindicações por redistribuição socioeconômica e reivindicações por reconhecimento legal ou cultural, levando em consideração as transformações resultantes da globalização, defende ela a existência de outra dimensão. O argumento acerca da justiça, até este momento concentrava-se precisamente naquilo que deveria ser entendido como uma justa ordenação das relações sociais, sem que se questionassem os reais destinatários dessas contestações[134].

Ao reconhecer esse *gap*, Fraser propõe a incorporação de uma dimensão política de representação às teorias da justiça. Segundo ela, a partir do princípio do igual valor moral

> A justiça requer arranjos sociais que permitam que todos participem como pares na vida social. Superar a injustiça significa desmantelar os obstáculos institucionalizados que impedem alguns sujeitos de participarem, em condições de paridade com os demais, como parceiros integrais da interação social[135].

Nessa senda, compreender um modelo bidimensional seria insuficiente para o paradigma em que estamos inseridos. As questões de injustiça social não se esgotam em questões de má distribuição e de status, ou seja, em questões de redistribuição e de reconhecimento, devendo ser considerado o plano de fundo que sustenta essas duas formas de reivindicação, que estruturam uma possível dimensão política. Essa dimensão, ao determinar o critério de pertencimento social e as regras de decisão, especifica o alcance das outras duas dimensões e como as reivindicações devem ser introduzidas no debate e julgadas[136].

A representação determina quem são os legitimados a fazer "reivindicações recíprocas de justiça", bem como quais serão "os termos nos quais aqueles incluídos na comunidade política expressam suas reivindicações e decidem suas disputas"[137]. E, por ser a questão definidora do "político", a característica política da injustiça é a falsa representação, que ocorre "quando as fronteiras políticas e/ou as regras decisórias funcionam de modo a negar

134. FRASER, Nancy. Reenquadrando a justiça em um mundo globalizado. **Lua Nova**, São Paulo, n. 77, p. 11-39, 2009. p. 11-13.
135. FRASER, Nancy. Reenquadrando a justiça em um mundo globalizado. **Lua Nova**, São Paulo, n. 77, p. 11-39, 2009. p. 17.
136. FRASER, Nancy. Reenquadrando a justiça em um mundo globalizado. **Lua Nova**, São Paulo, n. 77, p. 11-39, 2009. p. 19.
137. FRASER, Nancy. Reenquadrando a justiça em um mundo globalizado. **Lua Nova**, São Paulo, n. 77, p. 11-39, 2009. p. 20.

a algumas pessoas, erroneamente, a possibilidade de participar como um par, com os demais na interação social"[138].

Essa disfunção ocorre em pelo menos dois níveis diferentes, o da falsa representação de política-comum, na medida em que as regras de decisão política negam a participação a alguns; e no nível do mau enquadramento, quando a injustiça surge da impossibilidade de participação dos debates autorizados sobre a justiça em razão da forma pela qual são estabelecidas as fronteiras da comunidade[139].

Por conseguinte, para Fraser, a representação sempre estará incorporada a qualquer reivindicação por redistribuição ou reconhecimento, afinal, quando é negada ao indivíduo a chance de formular reivindicações transnacionais de primeira ordem, impossibilitam-se as lutas contra a má distribuição e o falso reconhecimento, a não ser que elas se vinculem às lutas contra o mau enquadramento[140].

Já a superação das injustiças decorrentes do mau enquadramento dar-se-ia, segundo Fraser, a partir do princípio de todos os afetados, que "estabelece que todos aqueles afetados por uma dada estrutura social ou instituição têm o status moral de sujeitos da justiça com relação a ela". Assim, o que transforma um coletivo de pessoas em sujeitos da justiça de uma mesma categoria é a união "em um enquadramento estrutural ou institucional comum, que estabelece as regras fundamentais que governam sua interação social, moldando, assim, suas respectivas possibilidades de vida segundo padrões de vantagem e desvantagem" e não por questão territorial[141].

Contudo, dada a monopolização pelos Estados e elites transnacionais da atividade do estabelecimento do enquadramento, nega-se voz àqueles que podem ser afetados nesse processo e impede-se a criação de arenas democráticas em que suas reivindicações possam ser avaliadas e contempladas. Essa é a terceira dimensão da falsa representação, de natureza metapolítica, que resulta na exclusão da maioria das pessoas "nos metadiscursos que determinam a divisão oficial do espaço político"[142].

Diante da ausência de arenas institucionais capazes de promover participação e diante de uma construção antidemocrática do *como*, é negado

---

138. FRASER, Nancy. Reenquadrando a justiça em um mundo globalizado. **Lua Nova**, São Paulo, n. 77, p. 11-39, 2009. p. 21-22.

139. FRASER, Nancy. Reenquadrando a justiça em um mundo globalizado. **Lua Nova**, São Paulo, n. 77, p. 11-39, 2009. p. 21-22.

140. FRASER, Nancy. Reenquadrando a justiça em um mundo globalizado. **Lua Nova**, São Paulo, n. 77, p. 11-39, 2009. p. 24.

141. FRASER, Nancy. Reenquadrando a justiça em um mundo globalizado. **Lua Nova**, São Paulo, n. 77, p. 11-39, 2009. p. 29.

142. FRASER, Nancy. Reenquadrando a justiça em um mundo globalizado. **Lua Nova**, São Paulo, n. 77, p. 11-39, 2009. p. 33-34.

à grande maioria dos cidadãos o engajamento no processo de tomada de decisão sobre o *quem*. Esse déficit democrático é prejudicial à busca pela superação de injustiças e revela "as profundas conexões internas entre democracia e justiça"[143].

A introdução nas contestações sociais das formas de efetivação e dos destinatários da justiça, para Fraser, é a marca da superação do enquadramento Keynesiano-Westfaliano. A compreensão da necessidade de participação, por parte dos impactados pelas decisões acerca do enquadramento, transformou a produção teórica acerca da justiça social, que se dava monologicamente, aproximando-a de um ideal dialógico da seguinte maneira:[144]

> Uma vez que o círculo daqueles que reivindicam o direito de participação no estabelecimento do enquadramento se expande, as decisões sobre o *quem* são crescentemente vistas como questões políticas, que deveriam ser tratadas democraticamente, e não como questões técnicas, que podem ser deixadas para os especialistas e as elites[145].

E, ao assumir esse formato, no qual os cidadãos participam democraticamente da tomada de decisão, a justiça social passaria a ser compreendida como justiça democrática, segundo Fraser, pela assunção da paridade participativa[146]. Esse é o critério geral que serve para distinguir as reivindicações justificadas das não justificadas[147], pois esse princípio envolve a noção de resultado quando determina que os arranjos sociais sejam justificados apenas se permitirem a participação de todos os atores sociais relevantes como pares na vida social. Envolve também a noção de processo, vinculando a legitimidade democrática das normas ao assentimento dos afetados por meio de um processo de deliberação justo e aberto em que todos possam participar[148].

Decorre dessa construção de justiça a reivindicação de Fraser pela flexibilização da compreensão da esfera pública, conforme definido por Habermas, a fim de readequá-la à realidade democrática. Segundo ela, a concepção de esfera pública liberal, a partir da teoria habermasiana, foi

143. FRASER, Nancy. Reenquadrando a justiça em um mundo globalizado. **Lua Nova**, São Paulo, n. 77, p. 11-39, 2009. p. 34.
144. FRASER, Nancy. Reenquadrando a justiça em um mundo globalizado. **Lua Nova**, São Paulo, n. 77, p. 11-39, 2009. p. 34.
145. FRASER, Nancy. Reenquadrando a justiça em um mundo globalizado. **Lua Nova**, São Paulo, n. 77, p. 11-39, 2009. p. 35.
146. FRASER, Nancy. Reenquadrando a justiça em um mundo globalizado. **Lua Nova**, São Paulo, n. 77, p. 11-39, 2009. p. 36.
147. FRASER, Nancy. Reconhecimento sem ética. **Lua Nova,** São Paulo, n. 70, p. 101-138, 2007. p. 125.
148. FRASER, Nancy. Reenquadrando a justiça em um mundo globalizado. **Lua Nova**, São Paulo, n. 77, p. 11-39, 2009. p. 37.

desenvolvida como um mecanismo institucional para racionalizar a dominação política face à compreensão do comprometimento do Estado com uma parcela da cidadania e, em outro nível, como um tipo específico de interação discursiva[149].

Essa esfera, assim, receberia uma conotação de ideal de uma discussão racional sem restrições a respeito dos assuntos públicos. Essa discussão, portanto, deveria ser aberta e acessível a todos, devendo os sujeitos, colocando as diferenças em segundo plano, deliberarem como iguais. O resultado desse tipo de discussão seria a opinião pública no sentido do consenso sobre o bem comum[150].

Diante da incapacidade de realização desse ideal, como assumido pelo próprio Habermas, Fraser parte das contribuições dos revisionistas Joan Landes, Mary Ryan e Geoff Eley para demonstrar que essa construção de esfera pública oficial burguesa era uma forma machista que funcionava para legitimar uma forma emergente de dominação[151].

Na análise de Fraser, o conceito de esfera pública está sustentado, primeiramente, no pressuposto na possibilidade de os interlocutores, em um âmbito público, colocarem em segundo plano as diferenças de status e deliberarem como se fossem iguais socialmente, bem como na ideia de que a proliferação de uma multiplicidade de públicos em contraposição está necessariamente mais distante de uma maior democracia, de forma que um âmbito público único seria sempre preferível a um nexo de múltiplos públicos[152].

Para a autora, nas sociedades estratificadas, os grupos sociais com poder desigual tendem a possuir estilos de vida desigualmente valorados, levando ao desenvolvimento de poderosas pressões informais que marginalizam as contribuições de grupos subordinados tanto nos contextos da vida cotidiana como nos âmbitos públicos oficiais. Ainda, a economia e os meios de comunicação aumentam essa opressão, reafirmando a posição de excluídos dos participantes dos grupos subordinados; nesse sentido, a deliberação pode servir como "máscara para a dominação"[153].

---

149. FRASER, Nancy. Repensar el ámbito público: uma contribución a la crítica de la democracia realmente existente. **Debate Feminista**, Cidade do México, vol. 7, p. 23-58, 1993. p. 27.

150. FRASER, Nancy. Repensar el ámbito público: uma contribución a la crítica de la democracia realmente existente. **Debate Feminista**, Cidade do México, vol. 7, p. 23-58, 1993. p. 27.

151. FRASER, Nancy. Repensar el ámbito público: uma contribución a la crítica de la democracia realmente existente. **Debate Feminista**, Cidade do México, vol. 7, p. 23-58, 1993. p. 33.

152. FRASER, Nancy. Repensar el ámbito público: uma contribución a la crítica de la democracia realmente existente. **Debate Feminista**, Cidade do México, vol. 7, p. 23-58, 1993. p. 34.

153. FRASER, Nancy. Repensar el ámbito público: uma contribución a la crítica de la democracia realmente existente. **Debate Feminista**, Cidade do México, vol. 7, p. 23-58, 1993. p. 35-37.

Por consequência, ela sustenta que, nas sociedades estratificadas, as disposições que permitem a discussão entre uma pluralidade de públicos contrapostos promovem melhor a ideia da paridade participativa do que a ideia de um público único, amplo e dominante[154]. No entanto, uma vez que os grupos subordinados não possuem espaço de deliberação dentro da esfera pública oficial e que, por consequência, constroem públicos alternativos, Fraser idealiza os contrapúblicos subalternos, apontando a existência de arenas discursivas paralelas, nas quais membros dos grupos sociais subordinados fazem circular contradiscursos, que, ao mesmo tempo lhes permitem formular interpretações de oposição acerca de suas identidades, interesses e necessidades, expandindo o espaço discursivo[155].

A identificação das necessidades provoca a união dos afetados na busca de promoverem rupturas com os mecanismos que perpetuam injustiças. Assim, paulatinamente, esses atores sociais passam a articular contradiscursos que versam sobre essas questões, razão pela qual a suas falas acerca de suas próprias necessidades tornam-se imprescindíveis à formação democrática do debate público imbuído na mudança efetiva das estruturas de opressão. Para a formação das arenas discursivas que atuam na promoção de discursos contra-hegêmonicos, faz-se imprescindível a circulação de diálogos políticos prévios[156].

Ou seja, na perspectiva de Fraser, diante da realidade social pautada a partir da compreensão de que a concepção habermasiana de esfera pública é incapaz de desconstruir uma ideologia de dominação, só seria possível deliberar democraticamente, na busca de efetivação de direitos, se considerada a interação discursiva estabelecida a partir dos contrapúblicos subalternos. Já os contrapúblicos hermenêuticos, preconizados por Bunchaft, pressupõem "influxos hermenêutico-interpretativos dos movimentos sociais que propugnam desinstitucionalizar práticas aparentemente neutras, mas com impacto desproporcional em relação a grupos estigmatizados."[157].

Bunchaft, observando as injustiças sociais e o déficit democrático de países do sul global - especialmente o Brasil - marcados pela geografia imperialista e por processos de ruptura institucional que violam a democracia, "atualiza a teoria do Constitucionalismo Democrático à luz das contribuições recentes de Nancy Fraser com o propósito de situá-la nessa realidade

154. FRASER, Nancy. Repensar el ámbito público: uma contribución a la crítica de la democracia realmente existente. **Debate Feminista**, Cidade do México, vol. 7, p. 23-58, 1993. p. 40.

155. FRASER, Nancy. Repensar el ámbito público: uma contribución a la crítica de la democracia realmente existente. **Debate Feminista**, Cidade do México, vol. 7, p. 23-58, 1993. p. 40-41.

156. BUNCHAFT, Maria Eugênia. **Ativismo judicial e grupos estigmatizados**: filosofia constitucional do reconhecimento. 2. ed. Curitiba: Juruá, 2016. p. 88-92.

157. BUNCHAFT, Maria Eugenia. Transexualidade e o "direito dos banheiros" no STF: uma análise do voto do Ministro Luís Barroso no RE n. 845779 à luz de Post, Siegel e Fraser. **Constituição, Economia e Desenvolvimento**: Revista da Academia Brasileira de Direito Constitucional, Curitiba, v. 8, n. 14, p. 167, 2016.

constitucional específica e utilizá-la como ferramenta conceitual capaz de minimizar as injustiças sociais."[158]

De fato, desde 2016, o *insight* teórico inicial da concepção de *Constitucionalismo Democrático-Paritário* "representava uma aproximação conceitual entre os pressupostos do *Constitucionalismo Democrático* – teorizados por Post e por Siegel – e a ideia de paridade participativa, preconizada por Fraser. "A partir de 2018, entretanto, a autora elucidou pontos controversos de sua teoria, agregando "o ao caráter contramajoritário e dialógico da jurisdição constitucional, a releitura estabelecida por Fraser sobre o conceito gramsciano de hegemonia."[159] A teoria passa a fundamentar-se em dois pressupostos:

> [...] caráter interpretativo e contra-hegemônico da ideia de contra-públicos hermenêuticos – por meio dos quais os sujeitos afetados controlam a estrutura linguístico-discursiva das decisões judiciais – e o caráter dialógico do *Constitucionalismo Democrático* de Post e Siegel, o qual não apenas evita formas nocivas de supremacia judicial, mas também contempla o caráter democrático do *backlash*. Tal teoria descortina-se como crucial para o aprofundamento da compreensão sobre os embates interpretativos estabelecidos entre o Poder Judiciário e os movimentos sociais[160].

Em suma, a versão específica de *Constitucionalismo* que propõe Bunchaft para a cultura política de países periféricos em processos de desdemocratização – como o Brasil – assume a forma de um *Constitucionalismo Democrático-Paritário*, que articula as contribuições teóricas do *Constitucionalismo Democrático* (delineado por Post e Siegel) às concepções de contrapúblicos subalternos e de paridade de participação – propostas por Fraser[161].

De um lado, o papel contramajoritário do STF representa "uma resposta ao vazio legislativo decorrente da ausência de valor epistêmico do processo político deliberativo e se legitima institucionalmente dentro de um modelo constitucional de freios e contrapesos – e ainda de efetivação de direitos

---

158. BUNCHAFT, Maria Eugenia. **Constitucionalismo Democrático, Deliberação e backlash: uma reflexão sobre os direitos de Minorias LGBT nos contextos brasileiro e norte-americano.** Relatório Técnico. Porto Alegre: CNPQ, 2019. No prelo.

159. BUNCHAFT, Maria Eugenia. **Constitucionalismo Democrático, Deliberação e backlash: uma reflexão sobre os direitos de Minorias LGBT nos contextos brasileiro e norte-americano.** Relatório Técnico. Porto Alegre: CNPQ, 2019. No prelo.

160. BUNCHAFT, Maria Eugenia. **Constitucionalismo Democrático, Deliberação e backlash: uma reflexão sobre os direitos de Minorias LGBT nos contextos brasileiro e norte-americano.** Relatório Técnico. Porto Alegre: CNPQ, 2019. No prelo.

161. BUNCHAFT, Maria Eugenia. Transexualidade e o "direito dos banheiros" no STF: uma análise do voto do Ministro Luís Barroso no RE n. 845779 à luz de Post, Siegel e Fraser. **Constituição, Economia e Desenvolvimento**: Revista da Academia Brasileira de Direito Constitucional, Curitiba, v. 8, n. 14, p. 143-174.

e garantias processuais no Estado Democrático"[162]. É de se mencionar, entretanto, que, para os propósitos teóricos do *Constitucionalismo Democrático-Paritário*, "não basta a referida postura contramajoritária do STF, desvelando-se fundamental a centralidade de uma sensibilidade desta Corte Constitucional ao idioma contra-hegemônico dos movimentos sociais"[163] Mas em que consistiria tal perspectiva?

Segundo Fraser, hegemonia é o termo do marxista Antonio Gramsci que sintetiza "a face discursiva do poder". Em suma, é o poder de definir o que é "a doxa de uma sociedade, a fonte de descrições auto-evidentes da realidade social que normalmente são dadas como óbvias"[164]. Expressa "a posição privilegiada de grupos sociais dominantes em relação ao discurso". [165] Mas a hegemonia sinaliza também um processo no qual a autoridade cultural de grupos dominantes torna-se objeto de contestação. [166] Há portanto, nas lições de Fraser, uma multiplicidade de embates discursivos contra-hegemônicos estabelecidos por grupos subalternos nos quais formam-se uma rede de alianças contestatórias em múltiplas esferas públicas.

Com efeito, sem minimizar tais considerações críticas e assumindo reflexões teórica recentes, Bunchaft procurou refinar o conceito, ao elucidar que o *Constitucionalismo Democrático-Paritário* não pressupõe a suficiência de uma "postura contramajoritária e incisiva do Judiciário na compensação do déficit de representação de minorias vulneráveis no processo político formal, efetivando seus direitos fundamentais ou ainda zelando pelas condições procedimentais da democracia"[167]. Nas ponderações de Bunchaft, seria fundamental ir além dessa perspectiva inicial – evitando "estratégias linguísticas de subalternização textual de minorias vulneráveis"[168] que distorcem o idioma contra-hegemônico vinculado às demandas emancipatórias dos movimentos sociais.

---

162. BUNCHAFT, Maria Eugenia. **Constitucionalismo Democrático, Deliberação e backlash: uma reflexão sobre os direitos de Minorias LGBT nos contextos brasileiro e norte-americano.** Relatório Técnico. Porto Alegre: CNPQ, 2019. No prelo.
163. BUNCHAFT, Maria Eugenia. **Constitucionalismo Democrático, Deliberação e backlash: uma reflexão sobre os direitos de Minorias LGBT nos contextos brasileiro e norte-americano.** Relatório Técnico. Porto Alegre: CNPQ, 2019. No prelo.
164. FRASER, Nancy. Contra o "simbolicismo": usos e abusos do "lacanismo" para políticas feministas. **Lacuna: uma revista de psicanálise**. São Paulo, n. 4, 2017.
165. FRASER, Nancy. Contra o "simbolicismo": usos e abusos do "lacanismo" para políticas feministas. **Lacuna: uma revista de psicanálise**. São Paulo, n. 4, 201.
166. FRASER, Nancy. Contra o "simbolicismo": usos e abusos do "lacanismo" para políticas feministas. **Lacuna: uma revista de psicanálise**. São Paulo, n. 4, 2017.
167. BUNCHAFT, Maria Eugenia. **Constitucionalismo Democrático, Deliberação e backlash: uma reflexão sobre os direitos de Minorias LGBT nos contextos brasileiro e norte-americano.** Relatório Técnico. Porto Alegre: CNPQ, 2019. No prelo.
168. BUNCHAFT, Maria Eugenia. **Constitucionalismo Democrático, Deliberação e backlash: uma reflexão sobre os direitos de Minorias LGBT nos contextos brasileiro e norte-americano.** Relatório Técnico. Porto Alegre: CNPQ, 2019. No prelo.

4

COERÊNCIA E INTEGRIDADE PARA QUEM? AS RESPOSTAS DO STF ÀS DEMANDAS FEMINISTAS RELATIVAS AO ABORTO

Até o presente capítulo, revisamos uma base teórica suficientemente robusta para a construção democrática das decisões judiciais, bem como revisitamos as teorias de Ronald Dworkin e de teóricos críticos como Reva Siegel, Robert Post, Linda Greenhouse e Jack Balkin. Podemos, a partir desta nova seção, iniciar a articulação do nosso argumento, que se fundamenta na incursão teórica trabalhada.

A premissa de que decisões jurídicas representam decisões políticas aparenta ser o primeiro ponto de convergência entre o Constitucionalismo Democrático e a proposta da leitura moral da Constituição defendida por Dworkin; pressuposto, esse, que representa um alicerce comum entre as duas teorias, o qual ainda se desdobrará de forma diversa em cada uma delas. No entanto, percebe-se que os autores partilham a presunção de que a legitimidade democrática da jurisdição constitucional está fundada na aceitação/confiança depositada pelo povo no Judiciário, ensejando o entendimento, em ambas as teorias, de que questões de minorias podem ser resolvidas nos tribunais e não só pelo Legislativo, bem como a compreensão de que a prática jurídica deve estar de acordo com a prática social.

Post e Siegel defendem que os desacordos representam um fator hermeneuticamente positivo que, por incentivarem um rompimento – a partir da moralidade crítica – com valores sociais e compreensões assimétricas, resultariam no engajamento dos cidadãos ao ideário constitucional; entrementes, Dworkin relaciona esse compromisso à tomada de decisões judiciais fundadas na coerência de princípio. Ou seja, a ideia de que os tribunais justificam decisões individuais com base nos mesmos princípios garante a legitimidade democrática.

Surge, então, o principal ponto de divergência entre as duas matrizes teóricas. A adoção de uma perspectiva de fim, por Post e Siegel, atribui aos movimentos sociais capacidade de influenciar a prática jurídica por meio de interações dialógicas; Dworkin, todavia, ainda que não negue a influência desses diálogos, por centrar-se em uma perspectiva de meio, acaba por relacionar o desenvolvimento da prática jurídica não só a elementos valorativos, mas também a questões de ajustes as práticas constituídas.

Nesta senda, os princípios ganham diferentes conotações nas duas teorias. Se por um lado representam para o Constitucionalismo Democrático uma possibilidade de abertura argumentativa, potencializando o engajamento público, em Dworkin o papel desempenhado pelos princípios é justamente o contrário: eles fecham a interpretação, pois impõem ao juiz a necessidade de levar em conta toda a produção legislativa e jurisprudencial, combatendo a discricionariedade, apesar de reinserir a prática jurídica na dimensão dos fatos[1].

Muito embora as correntes teóricas ora discutidas apresentem desdobramentos conceituais distintos, elas partilham a busca por uma construção democrática da prática jurídica, sendo suas contribuições fundamentais para a elucidação dos limites da jurisdição constitucional, sejam elas fomentadas pela busca da diminuição de assimetrias sociais ou pela defesa da responsabilidade moral na construção do discurso jurídico. Cumpre salientar que esse também é o objetivo do *Constitucionalismo Democrático-Paritário*, de Maria Eugênia Bunchaft, que nos possibilitou a inserção dos conceitos da teoria de Nancy Fraser no debate proposto, com o intuito de reafirmar o papel desempenhado pela contrapublicidade em um arranjo democrático fundamentado no potencial dialógico dos atores sociais e jurídicos.

Nossa proposta no presente capítulo é demonstrar que, a partir da análise dos desdobramentos relativos ao debate público e as decisões judiciais no âmbito do Supremo Tribunal Federal brasileiro a respeito do aborto, referida imbricação entre as teorias até então apresentadas não só é possível, como deve ser aprofundada para a construção (realmente) democrática das decisões judiciais.

4.1 A questão do aborto no Brasil: o debate feminista

A problemática do aborto não se limita à análise de um problema das mulheres, mas de um problema social de como as sociedades democráticas "impedem ou possibilitam aos indivíduos do sexo feminino o controle sobre o que se passa no e com o seu corpo", como bem leciona Flávia Biroli. Segundo a autora, essa seletividade só pode ser apreendida segundo uma

1. STRECK, Lenio. **Verdade e consenso**, p. 523.

perspectiva interseccional[2]. "Falar do aborto é falar, enfim, da democracia e de seus limites"[3]. Antes de adentrarmos especificamente o debate acerca da questão do aborto no Brasil, precisamos esclarecer o pano de fundo que sustenta uma compreensão interseccional e, portanto, politizada desse tema.

O entendimento de que o íntimo e o privado são permeados por relações de poder impõe a qualquer análise engajada a necessidade de considerar a contextualização social e institucional das decisões e afetos para melhor interpretá-las. Essa premissa, amplamente compartilhada entre as abordagens feministas, sustenta-se no axioma de que a relação entre o público e o privado sintetiza uma questão política, a partir da qual são definidos, em processos e em embates, os limites da atuação do Estado, as formas aceitáveis da autoridade e os direitos dos indivíduos, não somente na esfera pública, mas no contexto privado e doméstico[4].

A problemática do aborto e da sexualidade[5], portanto, está centrada na maneira como as pessoas organizam suas trajetórias em ambientes sociais, legais e morais que impõem e determinam, tanto quanto tornam factíveis julgamentos e violências. Segundo Biroli, essas trajetórias pessoais são influenciadas pelo modo como os corpos são "visados por práticas normalizadoras e pela inscrição de violências fundadas não apenas no ódio,

---

2. Importa esclarecer o que são situações interseccionais e o que significa levá-las a sério. Um exemplo elucidativo, que se encaixa no tema deste trabalho, é tratar a questão a partir do movimento feminista. Desde os anos 1960, suas demandas passaram a ser questionadas em razão de sua generalização, e, uma vez que reproduziam somente o interesses das mulheres brancas, burguesas e de países centrais, não davam conta da realidade das mulheres negras, que, por exemplo, não partilhavam dessa realidade. Assim, entender a interseccionalidade é compreender que muitos indivíduos estão situados no cruzamento de diferentes camadas de dominação e, com isso, têm perspectivas singulares de vida e necessidades específicas. Quando não leva em conta esse pressuposto, o movimento feminista reproduz fórmulas totalizadoras e invisibilizadoras com relação aos grupos mais vulneráveis dentro daqueles que já não são parte da esfera pública maior. "As experiências daqueles situados nos cruzamentos de eixos de dominação, como raça e gênero, são qualitativamente diferentes das dos indivíduos que não estão situados socialmente dessa maneira" e esquecer essa particularidade enseja formas de dominação. Cf. BERNARDES, Márcia Nina; ALBUQUERQUE, Mariana Imbelloni Braga. Violências Interseccionais silenciadas em Medidas Protetivas de Urgência. **Revista Direito e Práxis,** Rio de Janeiro, v. 7, n. 12, p.715-740, 2016.

3. BIROLI, Flávia. **Gênero e desigualdades:** limites da democracia no Brasil. São Paulo: Boitempo, 2018. p. 146-147.

4. BIROLI, Flávia. **Gênero e desigualdades:** limites da democracia no Brasil. São Paulo: Boitempo, 2018. p. 133.

5. Cumpre referir que o direito ao controle autônomo sobre a capacidade reprodutiva não deve ser confundido com o direito à liberdade e diversidade na vivência da sexualidade, diferenciação cujos desdobramentos políticos são importantes; contudo, uma análise conjunta desses dois campos nos possibilita melhor compreensão das disputas políticas e das reações conservadoras que implicam a forma de regulação dos corpos e do afeto, vez que, em razão da contestação da sexualidade ser mais acentuada em determinados momentos históricos e por sexualidade e capacidade reprodutiva serem fatos sociais, seu caráter político é evidenciado quando se observam "formas de controle, regulação, intervenção, valorização diferenciada e produção dos sujeitos sexuados ao longo do tempo". In: BIROLI, Flávia. **Gênero e desigualdades:** limites da democracia no Brasil. São Paulo: Boitempo, 2018. p. 134.

mas também em diferentes sistemas de crenças e perspectivas morais"[6]. Em suma, a autora atribui grande peso ao argumento da "defesa da família" no que tange aos retrocessos nas exceções existentes à criminalização do aborto não só no Brasil, mas em toda a América Latina, neste início de século[7].

Argumenta, ainda, que o direito ao aborto é um eixo central da autonomia das mulheres, haja vista que, "sem o direito de controlar sua capacidade reprodutiva, a autonomia na definição de sua trajetória de vida fica fundamentalmente comprometida"[8]. A denúncia da "maternidade compulsória", portanto, está relacionada às lutas pela igualdade de gênero, posto que a participação das mulheres se atrela à capacidade efetiva de planejamento de suas vidas reprodutivas, bem como à divisão de tarefas de cuidado na esfera privada e ao apoio público no cuidado com as mães e seus filhos. Sendo, por isso, a dissociação entre sexo e reprodução necessária para que se possa legitimar e reconhecer relações que não tenham como fim a procriação, assim como para justificar arranjos familiares alternativos[9].

Quanto à necessária emancipação feminina relativa ao prazer sexual, a manutenção de padrões machistas nos discursos e nas práticas representa uma face da violência sofrida pelas mulheres, consubstanciada no binômio do comportamento feminino moralmente duvidoso ou respeitável. Para Biroli,

> Há correspondências entre o sexo aceitável e a maternidade respeitável, assim como entre o sexo reprovável e a maternidade que, vista como resultado de escolhas irresponsáveis e equivocadas, configura-se como um ônus que a mulher deve carregar por ter mantido relações sexuais fora do casamento ou de determinados padrões de afetividade[10].

Nesse cenário, o argumento da autonomia das pessoas, principalmente nas tradições liberais, tem sido bastante relacionado ao controle do corpo; contudo, tal imbricação é largamente criticada pelas teóricas feministas, em razão de seu suporte – os padrões heteronormativos – corroborar para a naturalização de subordinações ou para que as mulheres sejam alvos de controles específicos pelo Estado[11]. Historicamente, frisa Biroli, "as desigualdades entre mulheres e homens, assim como as de classe, raça e sexualidade,

---

6. BIROLI, Flávia. **Gênero e desigualdades:** limites da democracia no Brasil. São Paulo: Boitempo, 2018. p. 134.
7. BIROLI, Flávia. **Gênero e desigualdades:** limites da democracia no Brasil. São Paulo: Boitempo, 2018. p. 134.
8. BIROLI, Flávia. **Gênero e desigualdades:** limites da democracia no Brasil. São Paulo: Boitempo, 2018. p. 135.
9. BIROLI, Flávia. **Gênero e desigualdades:** limites da democracia no Brasil. São Paulo: Boitempo, 2018. p. 135-136.
10. BIROLI, Flávia. **Gênero e desigualdades:** limites da democracia no Brasil. São Paulo: Boitempo, 2018. p. 136.
11. BIROLI, Flávia. **Gênero e desigualdades:** limites da democracia no Brasil. São Paulo: Boitempo, 2018. p. 137.

foram subsumidas nas abordagens dos direitos, da liberdade e da autonomia, sem que fossem problematizadas"[12].

Reside aí a urgência de uma compreensão interseccional das questões de justiça, haja vista as limitações se articularem segundo fatores como gênero, sexualidade, classe e raça, que interagem de modo complexo. Precisamos compreender que a violência estrutural se consubstancia não apenas em ações discriminatórias, mas também na inação do Estado[13]. Nesse sentido é clara a assertiva de Biroli

> Da criminalização do aborto decorrem ainda distinções de classe e raça, uma vez que a integridade física e psíquica das mulheres negras e pobres é comprometida de forma aguda. Essa diferenciação social, que não se restringe às políticas do aborto, existe também quando a legislação silencia sobre diferenças e desigualdades que continuam marginalizando grupos da população, deixando assim de agir para reduzi-las ou superá-las[14].

Em razão disso, dar voz as mulheres, reconhecendo a existência de desigualdades, da heterogeneidade de suas vivências e de suas motivações, é fundamental para o enfrentamento do conservadorismo. Levantar essa bandeira não é buscar estender às mulheres os direitos assegurados aos homens, como foi a luta do movimento sufragista, mas sim lutar pelo "reconhecimento de diferenças e desigualdades, de controles e privilégios para a promoção de políticas justas e igualitárias"[15].

A partir dessa perspectiva de engajamento, pretendemos apresentar de que forma surge e se desenvolve a discussão sobre a questão do aborto no Brasil e quais seus desdobramentos políticos frente à eterna tensão entre os principais atores ativos no debate público, quais sejam: o movimento feminista e o conservadorismo cristão, cuja divergência se sustenta na realidade social a seguir apresentada.

O aborto é um evento frequente na vida reprodutiva das mulheres, não sendo sua criminalização um impeditivo da prática, cuja realização se dá a partir do uso de chás, de medicamentos[16], de substâncias químicas, de ins-

---

12. BIROLI, Flávia. **Gênero e desigualdades:** limites da democracia no Brasil. São Paulo: Boitempo, 2018. p. 139.
13. BIROLI, Flávia. **Gênero e desigualdades:** limites da democracia no Brasil. São Paulo: Boitempo, 2018. p. 138.
14. BIROLI, Flávia. **Gênero e desigualdades:** limites da democracia no Brasil. São Paulo: Boitempo, 2018. p. 139.
15. BIROLI, Flávia. **Gênero e desigualdades:** limites da democracia no Brasil. São Paulo: Boitempo, 2018. p. 140.
16. O uso do misoprostol como método abortivo cresceu bastante desde a entrada do medicamento Cytotec no mercado na década de 1990, sendo um método apontado como a escolha de metade das mulheres que optaram pela realização de aborto, segundo pesquisas. In: DINIZ, Debora; ME-

trumentos domésticos para perfurações ou ainda de procedimentos cirúrgicos em clínicas clandestinas. Cerca de metade das mulheres que recorrem a essa prática precisam ser internadas para finalização do aborto, em razão da sua clandestinidade, e acabam sendo socorridas, na melhor das hipóteses, pela rede pública devido às complicações decorrentes dessa prática[17].

Segundo pesquisas de análise das taxas de aborto, "a estrutura de determinantes sociais do aborto é estável". Ou seja, "o aborto pode estar associado a um evento reprodutivo individual, mas a prática de aborto está enraizada na vida reprodutiva das mulheres e responde à forma como a sociedade brasileira se organiza para a reprodução biológica e social"[18]. As características mais comuns das mulheres que realizam um primeiro aborto é idade de até 19 anos, cor negra e possuírem filhos[19].

Em decorrência da ilegalidade do aborto no Brasil, são raros os estudos que conseguem acessar diretamente as mulheres para conhecer suas experiências e práticas de aborto[20]. Apesar disso, os números relativos à Pesquisa Nacional de Aborto de 2016 indicam que, aos 40 anos, quase uma em cada cinco das mulheres brasileiras já abortou. Se, juntamente com a negligência estatal, considerarmos que no Brasil a expressiva maioria dos abortos é realizada de forma ilegal, ignorando as condições plenas de atenção à saúde, compreenderemos o aborto como um dos nossos maiores problemas de saúde pública[21].

O próprio Ministério da Saúde reconhece que a ilegalidade do aborto "traz consequências negativas para a saúde das mulheres, pouco coíbe a prática e perpetua a desigualdade social", sendo tal risco "majoritariamente vivido pelas mulheres pobres e pelas que não têm acesso aos recursos médicos para o aborto seguro"[22]. Ainda adverte que, para ser enfrentado, esse fenômeno deve ser considerado como "uma questão de cuidados em saúde e direitos humanos, e não como um ato de infração moral de mulheres levianas". E

DEIROS, Marcelo. Itinerários e métodos do aborto ilegal em cinco capitais brasileiras. **Ciênc. saúde coletiva**, Rio de Janeiro, v. 17, n. 7, p. 1671-1681, jul. 2012.

17. DINIZ, Debora; MEDEIROS, Marcelo; MADEIRO, Alberto. Pesquisa Nacional de Aborto 2016. **Ciênc. saúde coletiva**, Rio de Janeiro, v. 22, n. 2, p. 653-660, fev. 2017. p. 656.
18. DINIZ, Debora; MEDEIROS, Marcelo; MADEIRO, Alberto. Pesquisa Nacional de Aborto 2016. **Ciênc. saúde coletiva**, Rio de Janeiro, v. 22, n. 2, p. 653-660, fev. 2017. p. 656.
19. DINIZ, Debora; MEDEIROS, Marcelo. Itinerários e métodos do aborto ilegal em cinco capitais brasileiras. **Ciênc. saúde coletiva**, Rio de Janeiro, v. 17, n. 7, p. 1671-1681, jul. 2012.
20. DINIZ, Debora; MEDEIROS, Marcelo. Itinerários e métodos do aborto ilegal em cinco capitais brasileiras. **Ciênc. saúde coletiva**, Rio de Janeiro, v. 17, n. 7, p. 1671-1681, jul. 2012.
21. DINIZ, Debora; MEDEIROS, Marcelo; MADEIRO, Alberto. Pesquisa Nacional de Aborto 2016. **Ciênc. saúde coletiva**, Rio de Janeiro, v. 22, n. 2, p. 653-660, fev. 2017. p. 659.
22. BRASIL. Ministério da Saúde. Secretaria de Ciência, Tecnologia e Insumos Estratégicos. Departamento de Ciência e Tecnologia. **20 anos de pesquisas sobre aborto no Brasil**. Brasília: Ministério da Saúde, 2009. p. 11.

atrela sua redefinição política à consideração de que sua realização é feita por uma maioria jovem, pobre, católica e que já possui filhos[23].

Essa é a realidade social e pessoal vivenciada por muitas mulheres brasileiras. A realidade política, por outro lado, é ambivalente. O Brasil possui uma das legislações mais restritivas acerca do abortamento[24]. A prática é criminalizada desde o Código Penal do Império, de 1830, onde ainda não era prevista a figura do *autoaborto*, incluído na legislação pátria no Código Penal de 1890[25]. Desde 1940, duas exceções à penalização nos casos de aborto estão previstas no Código Penal: a relativa à gestação decorrente de estupro e quando a gestação coloca em risco a vida da mãe. Esse cenário restritivo vem se flexibilizando progressivamente, como demonstra uma terceira exceção, a anencefalia fetal, que foi determinada em 2012, pelo Supremo Tribunal Federal, em resposta a Ação de Descumprimento de Preceito Fundamental (ADPF) 54.

Os avanços e retrocessos que vivenciamos nos últimos tempos relativos à regulamentação da prática do aborto muito se deram pela articulação dos atores políticos engajados nessa pauta, razão pela qual é possível afirmar que, independentemente dos argumentos no sentido de que o aborto é uma questão de saúde pública, esse debate e seus resultados práticos, no Brasil, não passam de barganhas políticas limitadas pelas concessões das elites conservadoras que governam o país.

A atuação política organizada do movimento feminista brasileiro, por exemplo, em meados da década de 1970, estruturava-se a partir do princípio do direito individual e, na tentativa de assegurar alianças políticas com os setores da esquerda e da Igreja Católica progressista na luta contra a Ditadura, costumava omitir o termo aborto de seus discursos[26]. Essa agenda adquiriu um caráter mais combativo somente a partir do ano de 1983, depois da realização, no Rio de Janeiro, do *Encontro sobre saúde, sexualidade, contracepção e aborto*[27].

---

23. BRASIL. Ministério da Saúde. Secretaria de Ciência, Tecnologia e Insumos Estratégicos. Departamento de Ciência e Tecnologia. **20 anos de pesquisas sobre aborto no Brasil**. Brasília: Ministério da Saúde, 2009. p. 12.

24. BRASIL. Ministério da Saúde. Secretaria da Atenção à Saúde. Departamento de Ações Programáticas Estratégicas. Área Técnica de Saúde da Mulher. **Magnitude do aborto no Brasil**: aspectos epidemiológicos e socioculturais. Brasília: Ministério da Saúde, 2008. p. 14.

25. Vale mencionar a questão do aborto é permeada pela moralidade na nossa legislação desde o princípio. O Art. 301, do CPP de 1890, por exemplo, previa redução de pena caso o aborto feito pela gestante tivesse sido cometido para ocultar desonra própria.

26. SCAVONE, Lucila. Políticas feministas do aborto. **Rev. Estud. Fem.**, Florianópolis, v. 16, n. 2, p. 675-680, 2008. p. 676.

27. MACHADO, Lia Zanotta. Feminismos brasileiros nas relações com o Estado. Contextos e incertezas. **In: Cad. Pagu**, Campinas, n. 47, e16471, 2016.

Tradicionalmente, o feminismo brasileiro sustenta suas reivindicações acerca da legalização do aborto nos argumentos políticos sobre os direitos individuais e os direitos sociais (saúde/classe social). Essa articulação é percebida desde o começo dos anos 1980, como na publicação sobre o aborto da *Frente Feminista de Mulheres de São Paulo*, cuja abordagem já ressaltava os perigos oferecidos por essa prática à saúde das mulheres, decorrentes de sua clandestinidade, principalmente, nas camadas populares[28].

A atuação do movimento feminista na Constituinte também foi marcado pela flexibilização da pauta do aborto diante do avanço do conservadorismo, momento em que a Igreja Católica militava pela inclusão dos direitos do nascituro na Constituição[29], colocando em risco as garantias do aborto já previsto em lei[30]. Dessa forma, na *Carta das mulheres* enviada ao Congresso Nacional durante as mobilizações feministas para a redação da nova Constituição, a referência direta à questão do aborto foi substituída por: "será garantido à mulher o direito de conhecer e decidir sobre o seu próprio corpo"[31].

Em 1989, no *Encontro Nacional Saúde da Mulher, um Direito a ser Conquistado*, a demanda pela descriminalização do aborto aparece na *Carta das mulheres em defesa de seu direito à saúde*, documento final do encontro, considerando o aborto "um problema de saúde da mulher", que reivindicava a "imediata revogação de todos os artigos do Código Penal que definem o aborto como crime", com fundamento no direito à saúde, expresso na Constituição de 1988. Ao considerar que as mulheres tinham "o direito de interromper a gravidez", essa carta lembrava aos legisladores que um direito individual não podia ser tratado como crime, bem como clamava pela efetivação dos direitos já garantidos em lei[32].

Corolário desta movimentação foi o crescimento do apoio por outros segmentos sociais às demandas feministas. Fruto disso, então, foi que no período subsequente houve maior número de projetos de lei relacionados ao aborto no Congresso Nacional, evidenciando o crescimento democrático do debate[33]. A título exemplificativo, o Projeto de Lei 20/1991 dispunha sobre a obrigatoriedade de atendimento pelo SUS dos casos de aborto previstos na

---

28. SCAVONE, Lucila. Políticas feministas do aborto. **Rev. Estud. Fem.**, Florianópolis, v. 16, n. 2, p. 675-680, 2008. p. 676.
29. BIROLI, Flávia. **Gênero e desigualdades:** limites da democracia no Brasil. São Paulo: Boitempo, 2018. p. 156.
30. SCAVONE, Lucila. Políticas feministas do aborto. **Rev. Estud. Fem.**, Florianópolis, v. 16, n. 2, p. 675-680, 2008. p. 676.
31. SCAVONE, Lucila. Políticas feministas do aborto. **Rev. Estud. Fem.**, Florianópolis, v. 16, n. 2, p. 675-680, 2008. p. 676.
32. SCAVONE, Lucila. Políticas feministas do aborto. **Rev. Estud. Fem.**, Florianópolis, v. 16, n. 2, p. 675-680, 2008. p. 677
33. SCAVONE, Lucila. Políticas feministas do aborto. **Rev. Estud. Fem.**, Florianópolis, v. 16, n. 2, p. 675-680, 2008. p. 678.

legislação, que, posteriormente, foi aprovado na *Comissão de Constituição e Justiça e de Cidadania da Câmara dos Deputados* e cuja tramitação logo em seguida foi travada pela ação de grupos conservadores[34].

Esse processo demonstra uma realidade política diversa no que concerne às investidas feministas até então travadas referentes aos direitos sexuais e reprodutivos, cenário que se ainda mantém. Se, em um primeiro momento, as agendas do movimento sequer chegavam de forma objetiva à apreciação do Legislativo, com o crescimento do conservadorismo religioso nas posições de poder e a pressão que exerciam no Executivo, passaram a ser barradas independentemente do sucesso na mobilização de recursos e de atores políticos nesse sentido[35], em razão de, nas duas últimas décadas, ter ascendido, não apenas em território nacional, o neoconservadorismo fundamentalista contrário a essa movimentação[36], ainda que no Brasil essa contestação pela descriminalização e legalização do aborto, iniciada nos anos 1980 e 1990, tenha ganhado impulso nos anos 2000, haja vista a maior secularização da sociedade brasileira e pelo crescimento do diálogo entre as feministas e o Executivo;

Com a chegada do Partido dos Trabalhadores ao governo federal, essa situação se tornou mais aguda. As bases sociais históricas desse partido são constituídas pelo movimento progressista, motivo pelo qual, durante os quatro mandatos, muitos de seus integrantes atuaram pelo avanço nas políticas de saúde da mulher e na garantia dos direitos sexuais e reprodutivos. Entretanto, em nome da governabilidade, foram feitas alianças com setores reacionários da política com influência nos partidos da base de apoio ao governo no Congresso Nacional. Esse fator fortaleceu grupos religiosos culminando na "reliogização" da política no início do século XXI[37].

O início das relações entre o Governo e o movimento feminista deu-se no final do governo Cardoso, em 2002, com a criação da *Secretaria de Estado dos Direitos da Mulher*, vinculada ao *Ministério da Justiça*, cujas prioridades eram o combate à violência contra a mulher, a participação da mulher no

34. BIROLI, Flávia. **Gênero e desigualdades:** limites da democracia no Brasil. São Paulo: Boitempo, 2018. p. 156.

35. BIROLI, Flávia. **Gênero e desigualdades:** limites da democracia no Brasil. São Paulo: Boitempo, 2018. p. 156.

36. Segundo Machado, "neoconservadoras, pois seu objetivo é a reintrodução, em sociedades já bastante secularizadas e prenhes dos debates por direitos humanos e pela igualdade de gênero, do entendimento do aborto como crime e pecado grave, acrescida do entendimento que sua interdição é absoluta, independente das razões. E para tal se organizam como movimento ostensivo social e político. Fundamentalistas, pois seus parâmetros se baseiam em fundamentos religiosos". In: MACHADO, Lia Zanotta. O aborto como direito e o aborto como crime: o retrocesso neoconservador. **Cad. Pagu**, Campinas, n. 50, e17504, 2017.

37. BIROLI, Flávia. **Gênero e desigualdades:** limites da democracia no Brasil. São Paulo: Boitempo, 2018. p. 156-157.

cenário político do país e a sua inserção no mercado de trabalho. Além disso, nessa mesma época, o *Ministério da Saúde* convocou mulheres feministas para integrarem a *Coordenação da Saúde da Mulher,* visando a uma política de atendimento aos serviços do aborto legal na rede pública e que fossem formalizados os atendimentos pelo SUS daquelas mulheres cuja interrupção da gravidez tivesse sido feita por meio de abortos inseguros[38].

Já durante o governo Lula, o diálogo com o movimento feminista foi fortalecido. Em 2003, foi constituída a *Secretaria Especial de Políticas para as Mulheres,* vinculada diretamente ao *Gabinete Civil,* chefiada, até 2015, por secretária com status de ministra, o que implicava em autonomia orçamentária, incentivo à produção de políticas públicas específicas e ações nos demais órgãos governamentais, com vista à transversalidade das questões sociais de gênero. Ainda, no mesmo ano, foi alterada a composição do *Conselho Nacional de Direitos das Mulheres,* presidido pela Ministra/Secretária de Políticas para as Mulheres, de forma que as representantes feministas fossem indicadas pelas redes às quais pertenciam e não por indicação política, bem como o acréscimo de sindicalistas e profissionais pelas respectivas organizações, além das indicações de representantes do Governo Federal pelos ministérios parceiros.[39]

Da propositura de conferências nacionais para as políticas voltadas às mulheres[40] – espaço público capaz de incentivar o diálogo com as movimentações feministas e com os movimentos de mulheres – resultou uma visível aproximação do governo com as posições dos movimentos feministas e vice-versa, bem como a promoção da aproximação entre movimentos feministas, sindicais e de organizações de mulheres profissionais liberais e de classe, além da introdução de mecanismos governamentais para a incorporação de direitos das mulheres em âmbito estadual e municipal. Por consequência, ocorreu o aumento do envolvimento de governantes e dos movimentos, tornando possível a inserção de políticas públicas transversais para mulheres nas diretrizes e ações dos diversos ministérios federais por incentivo e monitoramento da *Secretaria Especial de Políticas para as Mulheres* e do *Conselho Nacional de Direitos das Mulheres*[41].

---

38. MACHADO, Lia Zanotta. Feminismos brasileiros nas relações com o Estado. Contextos e incertezas. **In: Cad. Pagu**, Campinas, n. 47, e16471, 2016.

39. MACHADO, Lia Zanotta. Feminismos brasileiros nas relações com o Estado. Contextos e incertezas. **In: Cad. Pagu**, Campinas, n. 47, e16471, 2016.

40. A primeira conferência foi realizada em julho de 2004, a segunda em agosto de 2007, a terceira em dezembro de 2011, no primeiro Governo Dilma, e a quarta programada para 10 a 13 de maio de 2016. In: MACHADO, Lia Zanotta. Feminismos brasileiros nas relações com o Estado. Contextos e incertezas. **In: Cad. Pagu**, Campinas, n. 47, e16471, 2016.

41. Como exemplo: a *Secretaria Especial de Políticas para as Mulheres* e o *Conselho Nacional de Direitos das Mulheres* levaram a frente o projeto de lei de enfrentamento à violência doméstica contra as

"Pela primeira vez, foi delineada uma estrutura dessa envergadura no governo brasileiro"[42].

A grande tensão entre feminismo e Estado se iniciou em 2005/2006 quando a ministra e o Governo Federal passaram a se posicionar contrários à minuta do Projeto de Lei para legalizar a interrupção da gravidez, entregue pela Ministra Nilcéia Freire em setembro de 2005, em razão da busca de apoio político da *Conferência Nacional dos Bispos do Brasil*, diante da eclosão do Mensalão. Com a vulnerabilização do governo federal, fortaleceram-se os setores conservadores da Igreja Católica, com a assinatura de novo estatuto da Igreja Católica no Brasil, bem como ganharam reconhecimento outras religiões cristãs. A partir da nova legislatura (2006), as posições contrárias ao Projeto cresceram com a criação das Frentes Parlamentares em defesa da vida contra o aborto e a favor da família, sucessivamente recriadas. A *Comissão de Seguridade Social e Família* passou a ser cobiçada pela bancada evangélica[43], criada em 2003, multipartidária e que reúne deputados por convicção religiosa em torno dos valores da família tradicional, contra o aborto e os direitos dos homossexuais. A busca pelo apoio político dessa influente bancada põe fim à aliança entre o movimento feminista e governo petista. "A legalização do aborto passou a ser temática proibida na Presidência de Dilma Roussef"[44]. A situação se agravou ainda mais posteriormente ao golpe de 2015. O atual governo pmdbista é homogeneamente contrário à agenda feminista e os grupos religiosos conservadores são centrais em sua base de apoio. O órgão destinado à defesa das mulheres foi rebaixado na hierarquia

---

mulheres, aprovado pelo Legislativo, em 2006, como Lei Maria da Penha. In: MACHADO, Lia Zanotta. Feminismos brasileiros nas relações com o Estado. Contextos e incertezas. **In: Cad. Pagu**, Campinas, n. 47, e16471, 2016.

42. MACHADO, Lia Zanotta. Feminismos brasileiros nas relações com o Estado. Contextos e incertezas. **In: Cad. Pagu**, Campinas, n. 47, e16471, 2016.

43. Em conjunto, as propostas dos parlamentares que formam a banca religiosa são: 1) revogar todas as exceções à proibição à interrupção da gravidez; (2) ampliar as penalidades em caso de aborto ilegal; (3) criar um cadastro nacional de grávidas, de maneira a facilitar a perseguição daquelas que optam pelo aborto; (4) estimular que a gravidez resultante de estupro não seja interrompida, com incentivo financeiro para a vítima que decidir ter o filho (a chamada "bolsa estupro"); e/ou (5) estabelecer que o direito à vida seja protegido "desde a concepção", formulações que buscam inserir na própria Constituição brasileira. In: MIGUEL, Luis Felipe; BIROLI, Flávia; MARIANO, Rayani. O direito ao aborto no debate legislativo brasileiro: a ofensiva conservadora na Câmara dos Deputados. **Opinião Pública**, Campinas, vol. 23, n. 1, p. 230-260, jan-abr, 2017. p.236. Ainda, o aumento de deputados na Bancada Evangélica tem sido constante nas duas últimas legislaturas. Em setembro de 2016, compunha 87 deputados federais e 3 senadores. Para registrar a Bancada como Frente e poder fazer uso dos recursos da Câmara dos Deputados, foi registrada pelo Ato de Mesa da Câmara, n.69 de 10/12/2005 com número maior que seus membros frequentes, embora assinantes. Para a legislatura 2015-2018 constam 203 signatários. In: MACHADO, Lia Zanotta. O aborto como direito e o aborto como crime: o retrocesso neoconservador. **Cad. Pagu**, Campinas, n. 50, e17504, 2017.

44. MACHADO, Lia Zanotta. Feminismos brasileiros nas relações com o Estado. Contextos e incertezas. **In: Cad. Pagu**, Campinas, n. 47, e16471, 2016.

do Poder Executivo[45] e tem à sua frente Maria Aparecida Andrade de Moura, defensora da agenda cristã reacionária e contrária ao direito ao aborto[46].

A pressão exercida pelos grupos conservadores, consubstanciada na ameaça de retirada de apoio no Congresso Nacional, se deu no âmbito do Executivo em reação a alguns episódios, como a produção de material para a educação sexual nas escolas, campanhas para a prevenção da AIDS e outras DSTS, tendo a edição do *Plano Nacional de Direitos Humanos 3*, em 2009, se destacado. Nesse documento, além de firmar posição sobre a necessidade de garantir o acesso aos serviços de aborto legal, foi defendida legislação que descriminalize o aborto com fundamento no argumento feminista da autonomia das mulheres em decidirem sobre seus corpos[47], atribuindo ao Ministério da Saúde, à Secretaria especial de Políticas para as Mulheres e ao Ministério da Justiça a incumbência dessa ação[48]. As reações imediatas levaram à reedição do texto por meio de um decreto publicado em 2010 no qual passaria a "considerar o aborto como um tema de saúde pública, com a garantia do acesso aos serviços de saúde". Essa nova redação representou um retrocesso não só a o que fora apresentado em 2009, mas também àquilo que, nesse sentido, fora alcançado na redação do *Plano Nacional de Direitos Humanos 2* (de 2002), que propunha ampliar os permissivos para o aborto legal[49].

No cenário Legislativo, a reação do conservadorismo pode ser percebida na análise dos Projetos de Lei tramitando na Câmara dos Deputados. No início da atual legislatura (fevereiro de 2015) cinco Projetos de Lei versavam sobre a questão do aborto, sendo apenas um deles, o PL 20/1991, favorável à ampliação do direito ao aborto. Dentre os projetos contrários ao direito ao aborto estão o PL 4703/1998, que define o aborto como crime hediondo, e o PL 478/2007, que propõe que o "nascituro", definido como "ser humano concebido, mas ainda não nascido", tenha proteção jurídica, uma vez que "sua natureza humana é reconhecida desde a concepção". O projeto determina (em seu artigo 3º, parágrafo único) que "o nascituro goza da expectativa do direito à vida, à integridade física, à honra, à imagem e de todos os demais direitos da personalidade", incluindo

45. O Decreto de Lei nº 9.417/2018, que entrará em vigor em 05 de julho de 2018, transferiu a Secretaria Nacional de Políticas para Mulheres e o Conselho Nacional dos Direitos da Mulher para o Ministério dos Direitos Humanos, atribuindo ao ministério a competência de formular, coordenar, definir as diretrizes e articular políticas públicas para as mulheres, incluindo-se as atividades antidiscriminatórias e voltadas à promoção da igualdade entre homens e mulheres.

46. MIGUEL, Luis Felipe; BIROLI, Flávia; MARIANO, Rayani. O direito ao aborto no debate legislativo brasileiro: a ofensiva conservadora na Câmara dos Deputados. **Opinião Pública**, Campinas, vol. 23, n. 1, p. 230-260, jan-abr, 2017. p.234.

47. BIROLI, Flávia. **Gênero e desigualdades:** limites da democracia no Brasil. São Paulo: Boitempo, 2018. p. 162.

48. LUNA, Naara. A polêmica do aborto e o 3º Programa Nacional de Direitos Humanos. **Dados – Revista de Ciências Sociais,** Rio de Janeiro, v. 57, n. 1, p. 237-275, 2014. p. 240.

49. LUNA, Naara. A polêmica do aborto e o 3º Programa Nacional de Direitos Humanos. **Dados – Revista de Ciências Sociais,** Rio de Janeiro, v. 57, n. 1, p. 237-275, 2014. p. 241.

não apenas a penalização da mulher que aborta e de quem realiza ou a auxilia na realização do aborto, mas também de quem faz "apologia do aborto ou de quem o praticou, ou incitar publicamente a sua prática"[50].

Observa-se, portanto, que o movimento feminista e seus aliados mantiveram o direito ao aborto na sua agenda; contudo, frente ao estímulo para a priorização de temáticas como o combate à violência contra a mulher, a ampliação da atenção à saúde feminina ou a busca de reserva de vagas em espaços sociais privilegiados (cotas), essa questão ficou em posição secundária no debate. Com isso, a discussão relativa a sua legalização não se consubstanciou como um alavanque para o apoio eleitoral de parlamentares progressistas, enquanto para os conservadores o era[51], de forma que 65% dos discursos pronunciados na Câmara dos Deputados brasileira[52] de 1991 a 2014 foram contrários ao aborto[53].

---

50. MIGUEL, Luis Felipe; BIROLI, Flávia; MARIANO, Rayani. O direito ao aborto no debate legislativo brasileiro: a ofensiva conservadora na Câmara dos Deputados. **Opinião Pública**, Campinas, vol. 23, n. 1, p. 230-260, jan-abr, 2017. p.239.

51. MIGUEL, Luis Felipe; BIROLI, Flávia; MARIANO, Rayani. O direito ao aborto no debate legislativo brasileiro: a ofensiva conservadora na Câmara dos Deputados. **Opinião Pública**, Campinas, vol. 23, n. 1, p. 230-260, jan-abr, 2017. p.239.

52. Na argumentação empregada pelos defensores do aborto, segundo pesquisa a "Direito ao aborto e sentidos da maternidade: atores e posições em disputa no Brasil contemporâneo" destacam-se: (1) a ideia de que o aborto, uma das maiores causas de internação hospitalar e mortalidade de mulheres em idade fértil no Brasil, deve ser tratado como questão de saúde pública; (2) o apelo à liberdade individual das mulheres, por vezes com menção expressa ao direito da mulher quanto ao controle sobre seu próprio corpo; (3) o fato de que a proibição do aborto é um fator de injustiça social e discriminação, já que as brasileiras ricas em geral têm acesso a formas seguras de interrupção da gravidez, enquanto as pobres ficam à mercê de clínicas clandestinas, métodos caseiros ou, ainda, ao tráfico do misoprostol, de procedência duvidosa e tomado de maneira incorreta; (4) argumentos jurídicos, em particular interpretações da Constituição brasileira que garantiriam o direito ao aborto e a defesa do cumprimento da legislação, com atendimento a mulheres em busca de abortamento legal na rede pública; e (5) argumentos ligados ao valor da laicidade do Estado, vendo a oposição ao direito ao aborto como indício de uma influência religiosa inadequada sobre o Estado brasileiro. Uma pequena parcela de discursos utilizou ainda argumentos macroeconômicos, ligando o aborto legal à redução nos custos da rede de saúde. Já os argumentos contrários ao direito ao aborto tiveram, como categoria principal, conforme esperado, a noção de um direito à vida que seria inviolável e teria primazia absoluta sobre outros direitos. Mas é um argumento que se define mobilizando outros argumentos – daí a configuração constante dos discursos pela presença simultânea de mais de um argumento. Afinal, é necessário determinar que vida é essa e onde estão fundadas a inviolabilidade e a primazia desse direito. Estão fundadas: (1) nos dogmas religiosos; (2) em argumentos morais que, ainda que muitas vezes ecoem uma moralidade de fundo místico, evitam utilizar conceitos como "alma" ou a intervenção de algum ser sobrenatural; (3) na opinião pública, pela ideia de que o aborto não deve ser permitido porque *surveys* mostram uma maioria da população brasileira contrária à concessão do direito; e (4) em argumentos jurídicos, em geral, decorrentes de uma definição de "vida" iniciada na concepção, daí afirmando a extensão da proteção constitucional à vida também aos não nascidos, assim definidos como "pessoas". Há ainda a presença marginal, mas não irrelevante, de discursos que se posicionam contra o aborto por vê-lo como parte de uma estratégia imperialista de contenção da população dos países do Sul. In: MIGUEL, Luis Felipe; BIROLI, Flávia; MARIANO, Rayani. O direito ao aborto no debate legislativo brasileiro: a ofensiva conservadora na Câmara dos Deputados. **Opinião Pública**, Campinas, vol. 23, n. 1, p. 230-260, jan-abr, 2017. p.247-248.

53. MIGUEL, Luis Felipe; BIROLI, Flávia; MARIANO, Rayani. O direito ao aborto no debate legislativo brasileiro: a ofensiva conservadora na Câmara dos Deputados. **Opinião Pública**, Campinas, vol. 23, n. 1, p. 230-260, jan-abr, 2017. p.243.

Atualmente o Poder Judiciário é o meio por onde se tem garantido maior avanço no sentido da flexibilização da criminalização do aborto. Como veremos em seguida, nos últimos anos, os argumentos desenvolvidos pelos atores políticos atuantes no debate público sobre o aborto têm adentrado na esfera jurídica de forma a possibilitarem algumas inovações por este órgão. Entretanto, em nome do combate à discricionariedade judicial e, por consequência da democracia, nos importa conhecer de que forma esse processo dialógico tem sido delineado.

4.2 A questão do aborto no Supremo Tribunal Federal do Brasil: uma análise crítica do HC 124.306

Também repudiadas pelos setores conservadores do Congresso, destacam-se as ações e as decisões tomadas no âmbito do Judiciário. Primeiro, em 2012, mediante a Ação de Descumprimento de Preceito Fundamental (ADPF) nº 54[54], se deu a terceira exceção à penalização do aborto no Código Penal de 1940. Em 2016, diante da epidemia do vírus *zika*, foi protocolada a Ação Direita de Inconstitucionalidade (ADI) nº 5.581 para pleitear mais uma exceção à penalização do aborto, ano em que se votou o Habeas Corpus (HC) nº 124.306, firmando-se o entendimento pela constitucionalidade do aborto até a 12ª semana de gestação, o qual, apesar de não possuir força vinculante, representa um grande avanço das pautas feministas na cena institucional. A investida mais recente é datada de março de 2017: a Ação de Descumprimento de Preceito Fundamental (ADPF) nº 442, protocolada pelo Partido Socialismo e Liberdade (PSOL) com apoio do Instituto de Bioética (ANIS), movimento o aparato estatal pela descriminalização do aborto até a 12ª semana[55].

---

54. Refere-se que neste caso foi realizada uma audiência pública, cujo objetivo foi de ouvir a sociedade; obter um diálogo com a comunidade científica; manter interlocução com a sociedade em geral; dirimir dúvidas e controvérsias do ponto de vista científico, ético e religioso para proporcionar um convencimento suficiente da Corte e definir o real alcance da Constituição Federal de 1988, com segurança. Questiona-se então a função desempenhada por esse recurso empregado pelas Cortes. As audiências públicas estão sendo utilizadas como fonte de legitimação popular das decisões ou como forma de buscar novos conhecimentos para melhor julgamento de questões controversas? Segundo análise realizada pela professora Margarida Maria Lacombe Camargo, no caso da ADPF 54, com a audiência pública mais do que apurar os interesses dos movimentos sociais e religiosos, buscava-se a obtenção de informações de especialistas acerca da sobrevivência de um feto anencéfalo. Cumpre referir que, paradoxalmente, mesmo diante do caráter dialógico da audiência pública, que garantiria o acesso da sociedade na construção da decisão judicial, observa-se que tanto os argumentos políticos quanto os religiosos procuraram se travestir de argumentos científicos de forma a ganhar isenção, limitando o emprego desse instituto a uma consulta técnica. CAMARGO, Margarida Maria Lacombe. As audiências públicas no Supremo Tribunal Federal brasileiro: o exemplo da ADPF 54. **Anais do XXI Encontro Nacional do CONPEDI.** 1ª ed. p. 8998-9014, Florianópolis: Fundação Boiteux, 2012.
55. BIROLI, Flávia. **Gênero e desigualdades:** limites da democracia no Brasil. São Paulo: Boitempo, 2018. p. 159-160.

Em razão de o debate público acerca do aborto ter chegado ao judiciário e, uma vez sendo esse o maior promotor de avanços no sentido da flexibilização da criminalização do aborto, urge uma análise dos argumentos empregados pelos Ministros do Supremo Tribunal Federal, em decisão dessa matéria, para que possamos perceber a influência exercida pelos movimentos sociais nas decisões jurídicas, como também traçar um patamar limítrofe à atuação política dos Ministros em face da compreensão de que a efetivação de direitos não deve ser atrelada ao jogo político, mas sim à construção íntegra e coerente do Direito.

Portanto, a seção seguinte será dedicada à análise crítica dos votos dos Ministros do Supremo Tribunal Federal no Habeas Corpus 124.306/RJ, sob a égide dos pressupostos teóricos do interpretativismo de Ronald Dworkin, do Constitucionalismo Democrático e das contribuições de Nancy Fraser, tudo para que possamos, em seguida, articular, a partir desse exemplo privilegiado, o conceito de contrapublicidade interpretativa.

O Habeas Corpus 124.306/RJ

A análise desta seção tem como objeto o caso do *writ* de Habeas Corpus decidido pelo Supremo Tribunal Federal brasileiro[56]. Quanto ao voto do Ministro Luis Roberto Barroso, em suma a sua argumentação se estruturou levantando a ausência dos requisitos para a decretação da prisão preventiva,

56. Breve relato do caso: O Juízo da 4ª Vara Criminal da Comarca de Duque de Caxias/RJ deferiu, em razão da possibilidade de substituição ou do cumprimento no regime aberto, a liberdade provisória aos pacientes (que mantinham clínica de aborto) em 21 de março de 2013, presos em flagrante em 14 de março de 2013 ante o suposto cometimento dos crimes de formação de quadrilha e aborto em concurso material por quatro vezes. Diante desta decisão, o Ministério Público do Rio de Janeiro apresentou recurso, provido pela 4ª Câmara Criminal, sob o fundamento da garantia da ordem pública e da aplicação da lei penal. A defesa, então, impetrou *habeas corpus* no Superior Tribunal de Justiça alegando a insubsistência dos motivos que justificariam a constrição, defendendo a excepcionalidade da medida, uma vez que, caso condenados, os pacientes não cumpririam pena em regime fechado. Tal recurso não foi conhecido pela Sexta turma sob o fundamento da gravidade e reprovabilidade das condutas imputadas aos então pacientes. Diante do não conhecimento, a defesa impetrou *habeas corpus* no STF aduzindo que a prisão preventiva constituiria antecipação da pena, bem como a desnecessidade da prisão dada as condições pessoais favoráveis e a desproporcionalidade entre a prisão e a pena em eventual condenação. No mérito, ainda, a confirmação da providência. Deferida medida cautelar aos 8 de dezembro de 2014, sendo estendidos os efeitos aos demais acusados em 27 de junho de 2015. Opinou o Ministério Público Federal pela inadmissão da impetração porquanto substitutiva de recurso ordinário constitucional e a Procuradoria Geral da República pelo não conhecimento do pedido e no mérito denegação da ordem cassando a liminar. Quanto ao voto do relator, Ministro Marco Aurélio, foi pela admissão do *habeas corpus*, em função da necessária tutela do direito de ir e vir seja em face de mandado expedido e cumprido, seja na iminência deste ser. No mérito disse que a liberdade dos acusados não ofereceria risco ao processo. Aduzindo que "restaurar a prisão preventiva levaria em conta, unicamente, a gravidade da imputação, em descompasso com o princípio da não culpabilidade", deferindo a ordem para afastar a custódia provisória, tornando definitiva a liminar em favor dos pacientes e por extensão dos corréus. O Ministro Edson Fachin, acompanhou o voto do relator tanto pela concessão da ordem de ofício pelos mesmos fundamentos do relator. BRASIL. Supremo Tribunal Federal. **Habeas Corpus 124.306**. Pacientes: Edilson dos Santos e Rosemere Aparecida Ferreira. Coator: Superior Tribunal de Justiça. Relator: Ministro Marco Aurélio. 09 de agosto de 2016.

primeiramente por entender que o decreto de prisão preventiva não teria apontado elementos individualizados que evidenciavam a necessidade da custódia cautelar ou mesmo o risco efetivo de reiteração delitiva pelos pacientes e corréus, não tendo sido, portanto, preenchidos os requisitos do artigo 312 do CPP. No entanto, adiante, sustentou que, até o fim do primeiro trimestre, a realização do aborto não deveria ser considerada crime, uma vez levados em consideração os preceitos constitucionais.

Segundo Barroso, "para ser compatível com a Constituição, a criminalização de determinada conduta exige que esteja em jogo a proteção de um bem jurídico relevante, que o comportamento incriminado não constitua exercício legítimo de um direito fundamental e que haja proporcionalidade entre a ação praticada e a reação estatal". Portanto, no caso do aborto, "o bem jurídico protegido - vida potencial do feto - é evidentemente relevante; todavia, a criminalização do aborto antes de concluído o primeiro trimestre de gestação viola diversos direitos fundamentais da mulher, além de não observar suficientemente o princípio da proporcionalidade"[57].

Dois pontos são centrais à nossa análise. O primeiro é a questão da forma como o Ministro Barroso aborda a questão da vida. Para ele, "exista ou não vida a ser protegida, o que é fora de dúvida é que não há qualquer possibilidade de o embrião subsistir fora do útero materno nesta fase de sua formação. Ou seja: ele dependerá integralmente do corpo da mulher"[58]. Esta é a premissa que fundamenta a adoção dos princípios jurídicos que sustentarão seu voto no sentido da garantia dos direitos das mulheres, o segundo ponto a ser analisado.

O Ministro Barroso apresenta duas posições sobre o estatuto jurídico do embrião no início da gestação: "de um lado, os que sustentam que existe vida desde a concepção, desde que o espermatozóide fecundou o óvulo, dando origem à multiplicação de células. De outro, estão os que sustentam que antes da formação do sistema nervoso central e da presença de rudimentos de consciência - o que geralmente se dá após o terceiro mês de gestação - não é possível ainda falar-se em vida em sentido pleno". Para essa controvérsia, segundo o Ministro, não há uma solução jurídica, vez que ela depende "de uma escolha religiosa ou filosófica de cada um a respeito da vida"[59]. Porém,

---

57. BRASIL. Supremo Tribunal Federal. **Habeas Corpus 124.306**. Pacientes: Edilson dos Santos e Rosemere Aparecida Ferreira. Coator: Superior Tribunal de Justiça. Relator: Ministro Marco Aurélio. Voto do Ministro Luis Roberto Barroso. 09 de agosto de 2016. p.13.

58. BRASIL. Supremo Tribunal Federal. **Habeas Corpus 124.306**. Pacientes: Edilson dos Santos e Rosemere Aparecida Ferreira. Coator: Superior Tribunal de Justiça. Relator: Ministro Marco Aurélio. Voto do Ministro Luis Roberto Barroso. 09 de agosto de 2016. p.17.

59. BRASIL. Supremo Tribunal Federal. **Habeas Corpus 124.306**. Pacientes: Edilson dos Santos e Rosemere Aparecida Ferreira. Coator: Superior Tribunal de Justiça. Relator: Ministro Marco Aurélio. Voto do Ministro Luis Roberto Barroso. 09 de agosto de 2016. p.16-17.

ao adotar esse posicionamento, ele parece indicar a presença de certa subjetividade na construção das decisões, como se coubesse a cada um adotar a tese que particularmente mais lhe agrade[60].

Apresentamos, no capítulo segundo, o argumento de Ronald Dworkin acerca do debate do aborto nos Estados Unidos, o qual conclui que a questão moral e jurídica invocada nessa discussão independe da existência ou não do interesse do feto, limitando o enfrentamento da problemática à sacralidade da vida humana, razão pela qual o debate busca definir quais os limites do Estado em ditar os valores intrínsecos que devem ser reconhecidos pelos cidadãos. Assumindo essa premissa, o fato de o Ministro permitir subjetivismos na definição do momento em que se deveria considerar o feto um "ser humano", não influenciaria na construção de sua resposta à questão da criminalização do aborto, uma vez estando ela fundamentada no direito das mulheres. Vejamos, então, de que forma o Ministro justifica os direitos a serem garantidos a partir da articulação de cinco violações.

Barroso introduz sua argumentação a partir da questão da autonomia da mulher relativa ao direito dos indivíduos de "fazerem suas escolhas existenciais básicas e de tomarem as próprias decisões morais a propósito do rumo de sua vida". Segundo ele, esse direito garante a não interferência no "espaço legítimo de privacidade" por parte do Estado ou da sociedade, correspondendo também ao núcleo essencial da liberdade individual protegida pelo princípio da dignidade humana, positivado na Constituição Federal no art. 1º, III[61].

Em seguida, acerca do direito à integridade física e psíquica, positivado na Constituição Federal no art. 5º, caput e inciso III, refere que este "protege os indivíduos contra interferências indevidas e lesões aos seus corpos e mentes, relacionando-se, ainda, ao direito à saúde e à segurança"[62]. A sua violação, segundo a concepção de Barroso, está atrelada ao fato de que "é o corpo da mulher que sofrerá as transformações, riscos e consequências da gestação", bem como "pela assunção de uma obrigação para toda a vida, exigindo renúncia, dedicação e comprometimento profundo com outro ser"[63].

---

60. RIBEIRO, Rodrigo M. S. **Avaliando as razões da primeira turma do STF no HC 124.306 pela descriminalização do aborto no primeiro trimestre da gravidez.** 2018. Manuscrito não publicado.
61. BRASIL. Supremo Tribunal Federal. **Habeas Corpus 124.306**. Pacientes: Edilson dos Santos e Rosemere Aparecida Ferreira. Coator: Superior Tribunal de Justiça. Relator: Ministro Marco Aurélio. Voto do Ministro Luis Roberto Barroso. 09 de agosto de 2016. p.17.
62. BRASIL. Supremo Tribunal Federal. **Habeas Corpus 124.306**. Pacientes: Edilson dos Santos e Rosemere Aparecida Ferreira. Coator: Superior Tribunal de Justiça. Relator: Ministro Marco Aurélio. Voto do Ministro Luis Roberto Barroso. 09 de agosto de 2016. p. 18.
63. BRASIL. Supremo Tribunal Federal. **Habeas Corpus 124.306**. Pacientes: Edilson dos Santos e Rosemere Aparecida Ferreira. Coator: Superior Tribunal de Justiça. Relator: Ministro Marco Aurélio. Voto do Ministro Luis Roberto Barroso. 09 de agosto de 2016. p. 18.

Quanto aos direitos sexuais e reprodutivos da mulher, consubstanciados na capacidade de toda mulher decidir "sobre se e quando deseja ter filhos, sem discriminação, coerção e violência, bem como obter o maior grau possível de saúde sexual e reprodutiva", o Ministro leva em consideração a questão da opressão sofrida pelas mulheres no que tange a sua sexualidade. Para ele, o tratamento penal da temática do aborto "afeta a capacidade de autodeterminação reprodutiva da mulher, ao retirar dela a possibilidade de decidir, sem coerção, sobre a maternidade, sendo obrigada pelo Estado a manter uma gestação indesejada. E mais: prejudica sua saúde reprodutiva, aumentando os índices de mortalidade materna e outras complicações relacionadas à falta de acesso à assistência de saúde adequada"[64].

Barroso ainda refere que a criminalização do aborto viola a igualdade de gênero, que garantiria contra a hierarquização dos indivíduos e as desequiparações infundadas, impondo, assim, a neutralização das injustiças históricas, econômicas e sociais, bem como o respeito à diferença. Segundo ele, "a histórica posição de subordinação das mulheres em relação aos homens institucionalizou a desigualdade socioeconômica entre os gêneros e promoveu visões excludentes, discriminatórias e estereotipadas da identidade feminina e do seu papel social". Portanto, defende que, em razão das mulheres, diferentemente dos homens, suportarem o ônus integral da gravidez, "somente haverá igualdade plena se a ela for reconhecido o direito de decidir acerca da sua manutenção ou não"[65].

Finalmente, aduz que a tipificação do aborto "prejudica, de forma desproporcional, as mulheres pobres, que não têm acesso a médicos e clínicas particulares, nem podem se valer do sistema público de saúde para realizar o procedimento abortivo. Aponta também que, no momento da criminalização da prática, o Estado priva a mulher da possibilidade de submeter-se a um procedimento médico seguro"[66].

Uma vez conhecidas as reivindicações feministas, apresentadas no início deste capítulo, observamos que, diante dos argumentos utilizados por Barroso em sua fundamentação, as pressões exercidas por este Movimento acabaram de certa forma adentrando o discurso oficial. Nesse sentido, diante da até então correta aplicação dos princípios pelo Ministro, percebe-se o

64. BRASIL. Supremo Tribunal Federal. **Habeas Corpus 124.306**. Pacientes: Edilson dos Santos e Rosemere Aparecida Ferreira. Coator: Superior Tribunal de Justiça. Relator: Ministro Marco Aurélio. Voto do Ministro Luis Roberto Barroso. 09 de agosto de 2016. p. 18-19.

65. BRASIL. Supremo Tribunal Federal. **Habeas Corpus 124.306**. Pacientes: Edilson dos Santos e Rosemere Aparecida Ferreira. Coator: Superior Tribunal de Justiça. Relator: Ministro Marco Aurélio. Voto do Ministro Luis Roberto Barroso. 09 de agosto de 2016. p. 19.

66. BRASIL. Supremo Tribunal Federal. **Habeas Corpus 124.306**. Pacientes: Edilson dos Santos e Rosemere Aparecida Ferreira. Coator: Superior Tribunal de Justiça. Relator: Ministro Marco Aurélio. Voto do Ministro Luis Roberto Barroso. 09 de agosto de 2016. p. 20.

potencial positivo da construção do discurso jurídico a partir do diálogo entre os juristas e os diversos atores sociais. Cumpre referir, também, que, apesar de discordarmos da assertiva do Ministro Barroso do papel de vanguarda iluminista assumido pelo Judiciário, ao adotarmos o marco teórico do *Constitucionalismo Democrático* presumimos, a atuação do judiciário define e organiza a compreensão do povo acerca das questões constitucionais, razão pela qual as reivindicações por efetivação de direitos devem ser ouvidas pelas Cortes, para que seja efetivada a desconstrução de assimetrias socias.

Percebemos, no entanto, que as interseccionalidades não são levadas a sério pelo Ministro Barroso em seu voto. Apesar de considerar as mulheres pobres, ele deixa de mencionar em seu voto as mulheres negras e os transgêneros, que também sofrem com a marginalização frente às políticas públicas de saúde e às garantias estatais. Mas qual a relevância dessa exclusão diante do ganho que seria estendido a todas as mulheres?

A evidente resposta para esse questionamento é que a relevância se encontra no nível do discurso. Primeiro precisamos esclarecer que nossa concepção de discurso nos "auxilia a entender como as identidades sociais das pessoas podem ser fabricadas e alteradas ao longo do tempo", a "compreender como, sob condições de desigualdade, grupos sociais — no sentido de agentes coletivos — são formados e dissolvidos", "pode iluminar a maneira pela qual a hegemonia cultural de grupos dominantes numa sociedade é garantida e contestada" e, por fim, lançar luz sobre perspectivas de mudança social emancipatória e prática política[67].

Uma concepção de discurso condizente com a teorização feminista deve fornecer, então, o entendimento das identidades sociais levando em consideração sua complexidade sociocultural e, por consequência, desconstruindo visões de "identidade de gênero de variáveis únicas, estáticas e essencialistas". A questão aqui posta é que a formação dos grupos sociais acontece por meio de disputas pelo discurso social fundado na hegemonia, ou seja, na pressuposição de que sociedades contêm uma pluralidade de discursos e de localidades discursivas, uma pluralidade de posições e perspectivas a partir das quais se fala[68].

Ocorre que a concepção tradicional de discurso está fundada numa construção de identidades sociais estanques a partir da "assunção incapacitante segundo a qual mulheres são apenas vítimas passivas da dominação masculina". Ainda, diante da multiplicidade de contextos sociais, as diferentes

67. FRASER, Nancy. Contra o "simbolicismo": usos e abusos do "lacanismo" para políticas feministas. **Lacuna: uma revista de psicanálise**. São Paulo, n. 4, 2017.

68. FRASER, Nancy. Contra o "simbolicismo": usos e abusos do "lacanismo" para políticas feministas. **Lacuna: uma revista de psicanálise**. São Paulo, n. 4, 2017.

descrições, incluindo qualquer identidade social do indivíduo, são complexas e conectadas ao contexto[69]. O Ministro Barroso, ao ignorar questões de gênero e de raça no seu voto, salienta o fundamento hegemônico de seu discurso, não buscando, a partir de um olhar interseccional, a efetiva desconstrução de assimetrias.

De qualquer sorte, como linha alternativa de argumentação, o Ministro Barroso submete a questão a um teste de proporcionalidade. Não sendo objeto deste trabalho analisar a forma como essa máxima foi aplicada[70], nos limitamos a criticar esse ponto de maneira genérica. Compreendemos que, em conformidade com a lição de Lenio Streck, "ponderação e a discricionariedade são irmãs siamesas"[71], pois no momento em que se possibilita a hierarquização por parte do intérprete dos princípios aplicáveis, quais são os critérios que limitarão a correção moral do direito?[72].

Referimos, por oportuno, que a necessidade de se encontrar essa solução é o cerne da proposta da contrapublicidade interpretativa, questão a qual pretendemos responder em seguida. Faz necessário considerar que o grande dilema contemporâneo, como bem coloca Lenio Streck, reside na construção de condições para evitar que a justiça constitucional se sobreponha ao Direito, considerando que o Direito não é aquilo que os tribunais dizem que é[73]. Nesse sentido, se dá a crítica à ponderação de princípios, uma vez que, se na teoria de Alexy os princípios são apenas mandados de otimização, que chamam à subjetividade do intérprete[74], ao aplicar-se esse método, procura-se esconder, sob o véu da racionalidade, um subjetivismo que primeiro escolhe e depois, retoricamente, encontra uma justificação[75].

É diante da aplicação da submáxima da proporcionalidade em sentido estrito que fica evidente essa questão. Nas palavras de Barroso, "é preciso verificar se as restrições aos direitos fundamentais das mulheres decorrentes

---

69. FRASER, Nancy. Contra o "simbolicismo": usos e abusos do "lacanismo" para políticas feministas. **Lacuna: uma revista de psicanálise**. São Paulo, n. 4, 2017.
70. Refere-se que o professor Lenio Streck juntamente com Rafael Dallabarba já publicaram análise relativa à aplicação da máxima da proporcionalidade no voto-vista do ministro Barroso em coluna publicada no Conjur em 11 de dezembro de 2016 sob o título "Aborto – a recepção equivocada da ponderação alexyana pelo STF".
71. STRECK, Lenio. **Sobre ponderações e katchangas:** o senso comum venceu?. Livro carta. São Leopoldo: edição do autor, 2017. p. 23.
72. STRECK, Lenio. **Lições de crítica hermenêutica do direito.** Porto Alegre: Livraria do Advogado, 2014. p. 54.
73. STRECK, Lenio. **Lições de crítica hermenêutica do direito.** Porto Alegre: Livraria do Advogado, 2014. p. 46.
74. STRECK, Lenio. **Lições de crítica hermenêutica do direito.** Porto Alegre: Livraria do Advogado, 2014. p. 53.
75. STRECK, Lenio. **Lições de crítica hermenêutica do direito.** Porto Alegre: Livraria do Advogado, 2014. p.. 63.

da criminalização são ou não compensadas pela proteção à vida do feto"[76], como se a violação de um direito fosse compensável pela satisfação de outro. Para Barroso, a criminalização do aborto "confere uma proteção deficiente aos direitos sexuais e reprodutivos, à autonomia, à integridade psíquica e física, e à saúde da mulher, com reflexos sobre a igualdade de gênero e impacto desproporcional sobre as mulheres mais pobres. Além disso, criminalizar a mulher que deseja abortar gera custos sociais e para o sistema de saúde, que decorrem da necessidade de a mulher se submeter a procedimentos inseguros, com aumento da morbidade e da letalidade"[77]. O Ministro, em contrapartida, alega que "a criminalização do aborto promove um grau reduzido (se algum) de proteção dos direitos do feto, uma vez que não tem sido capaz de reduzir o índice de abortos". E, elevando ao máximo a questão da atribuição de peso aos princípios, determina que "o direito à vida do nascituro varia de acordo com o estágio de seu desenvolvimento na gestação", de forma a estar atrelado a ideia de viabilidade extrauterina[78].

Em um primeiro momento, o argumento pragmático empregado parece aceitável, ainda mais ao assumir traços utilitaristas, como previa Dworkin, afinal, "os juízes devem estar comprometidos com aquilo que melhor servirá a sociedade"[79]. A crítica de Streck acera da abertura à discricionariedade pela ponderação de princípios está também em Dworkin, quando ele afirma que, diante do pragmatismo,

> Os juízes vão divergir seja por acreditarem que aplicação das regras se deve por um dever moral, ou mesmo por pensarem no enriquecimento da comunidade, mas o pragmatismo não diz qual é a melhor resposta, incentiva os juízes a decidirem segundo seus próprios pontos de vista[80].

Como vimos no primeiro capítulo, a resposta de Dworkin ao Pragmatismo está na consideração da integridade como uma virtude política independente, relativa a exigência de que o Estado aja segundo um conjunto único e coerente de princípios mesmo diante da divergência popular acerca

76. BRASIL. Supremo Tribunal Federal. **Habeas Corpus 124.306.** Pacientes: Edilson dos Santos e Rosemere Aparecida Ferreira. Coator: Superior Tribunal de Justiça. Relator: Ministro Marco Aurélio. Voto do Ministro Luis Roberto Barroso. 09 de agosto de 2016. p. 25.

77. BRASIL. Supremo Tribunal Federal. **Habeas Corpus 124.306.** Pacientes: Edilson dos Santos e Rosemere Aparecida Ferreira. Coator: Superior Tribunal de Justiça. Relator: Ministro Marco Aurélio. Voto do Ministro Luis Roberto Barroso. 09 de agosto de 2016. p. 26.

78. BRASIL. Supremo Tribunal Federal. **Habeas Corpus 124.306.** Pacientes: Edilson dos Santos e Rosemere Aparecida Ferreira. Coator: Superior Tribunal de Justiça. Relator: Ministro Marco Aurélio. Voto do Ministro Luis Roberto Barroso. 09 de agosto de 2016. p. 26.

79. DWORKIN, Ronald. **O império do direito**. São Paulo: Martins Fontes, 2014. p. 187.

80. DWORKIN, Ronald. **O império do direito**. São Paulo: Martins Fontes, 2014. p. 185-186.

da natureza exata dos princípios de justiça e equidade. Essa é a maneira de garantirmos um geral, não estratégico para reconhecer os direitos juridicamente tutelados[81].

A admissão de posicionamentos como o do Ministro Barroso, aqui demonstrados arbitrários, em nome de uma "ideologia do caso concreto", finda em instaurar um sistema fragmentado, haja vista a possível multiplicidade de soluções. Na sequência, buscaremos construir conceitos abstratos com pretensões de universalização, e assim tudo começará de novo[82]. Por isso, juntamente com Lenio Streck, defendemos que o intérprete deve ser controlado pela tradição, pelos "constrangimentos-epistemológicos", que conformam sua condição de ser-no-mundo, o que, no plano da interpretação do Direito, se dá por meio da obediência à coerência e à integridade, condição de possibilidade para a criação de uma teoria da decisão judicial[83].

Os princípios, segundo essa proposta, se definem como o modo concreto de enfrentamento da discricionariedade judicial, porque são a manifestação da densidade normativo-concreta de um mandamento legal, os quais também necessitam da singularização, que só ocorre no momento aplicativo. Lembrando sempre que o combate ao arbítrio presente na discricionariedade dos juízes é justamente a busca pela devida concretização das promessas presentes no texto constitucional[84]. Logo:

> A decisão (resposta) estará adequada na medida em que for respeitada, em maior grau, a autonomia do Direito (que se pressupõe produzido democraticamente), evitada a discricionariedade (além da abolição de qualquer tipo de atitude arbitrária), e respeitada a coerência e a integridade do Direito, a partir de uma detalhada fundamentação. Os argumentos para a obtenção de uma resposta adequada à Constituição devem ser de princípio[85].

Ao compreendermos os ensinamentos da hermenêutica-filosófica como caminho à busca de respostas corretas em Direito, podemos considerar que a Ministra Rosa Weber, ainda que acompanhando o voto do Ministro

---

81. DWORKIN, Ronald. **O império do direito**. São Paulo: Martins Fontes, 2014. p. 202-203
82. STRECK, Lenio. O (pós-)positivismo e os propalados modelos de juiz (Hércules, Júpiter e Hermes) – Dois decálogos necessários. In: **Revista de Direitos e Garantias Fundamentais**, Vitória, n. 7. 2010. p. 31.
83. STRECK, Lenio. **Hermenêutica Jurídica e(m) crise**: uma exploração hermenêutica da construção do Direito. Porto Alegre: Livraria do Advogado Editora, 2014. p. 312.
84. STRECK, Lenio. **Verdade e consenso**: Constituição, hermenêutica e teorias discursivas. São Paulo: Saraiva, 2014. p. 523.
85. STRECK, Lenio Luiz. **Verdade e consenso**: Constituição, hermenêutica e teorias discursivas. São Paulo: Saraiva, 2014. p. 624.

Barroso, estruturou sua fundamentação de forma aparentemente correta e, consequentemente, oferecendo a melhor resposta ao caso. Partindo da hipótese de que a questão da descriminalização do aborto mediante interrupção voluntária da gravidez no primeiro trimestre por decisão da mulher coloca em choque o direito à vida, como forma de tutela do nascituro, e o direito à liberdade e autonomia reprodutiva da mulher, enquanto meio de realização material do direito à igualdade de gênero[86], ela compõe seu voto partindo da premissa de que o que está sendo decidido ali é se a escolha política que fundamentou a legislação seria compatível com o "desenho institucional normativo de nossa Constituição Federal"[87].

A primeira questão enfrentada pela Ministra é o limite de atuação do Estado, perpassando a problemática de uma ética privada em face "dos princípios constitucionais que informam nosso Estado constitucional democrático e, por conseguinte, dos direitos tutelados por este"[88]. Nesse sentido, afirma que "questões de ordem ética e moral sobre o aborto são deveras importantes para a formação e consciência da comunidade social, todavia, elas pertencem à esfera da moral privada. Cada pessoa tem sua esfera privada, moral e ética de como se comportar e agir em sociedade, a partir de convicções próprias. Contudo, o espaço da moral privada não pode ser confundido com a esfera da responsabilidade pública, e principalmente com o espaço de atuação do Estado de Direito, na restrição dos direitos individuais da pessoa. Ao contrário, a responsabilidade pública exige a abdicação de ética privada em detrimento de uma moralidade comum"[89].

Cumpre salientar a semelhança de seus argumentos àqueles desenvolvidos por Dworkin no tocante à integridade política como fator de legitimação da coerção do Estado pela compreensão de que o Direito será escolhido, alterado, desenvolvido e interpretado de um modo global[90], garantindo que o Estado, mesmo diante de conflitos privados acerca da natureza exata dos princípios de equidade e justiça, aja segundo um conjunto único e coerente

86. BRASIL. Supremo Tribunal Federal. **Habeas Corpus 124.306**. Pacientes: Edilson dos Santos e Rosemere Aparecida Ferreira. Coator: Superior Tribunal de Justiça. Relator: Ministro Marco Aurélio. Voto do Ministro Luis Roberto Barroso. 09 de agosto de 2016. p. 35.

87. BRASIL. Supremo Tribunal Federal. **Habeas Corpus 124.306**. Pacientes: Edilson dos Santos e Rosemere Aparecida Ferreira. Coator: Superior Tribunal de Justiça. Relator: Ministro Marco Aurélio. Voto do Ministro Luis Roberto Barroso. 09 de agosto de 2016. p. 46.

88. BRASIL. Supremo Tribunal Federal. **Habeas Corpus 124.306**. Pacientes: Edilson dos Santos e Rosemere Aparecida Ferreira. Coator: Superior Tribunal de Justiça. Relator: Ministro Marco Aurélio. Voto do Ministro Luis Roberto Barroso. 09 de agosto de 2016. p. 33.

89. BRASIL. Supremo Tribunal Federal. **Habeas Corpus 124.306**. Pacientes: Edilson dos Santos e Rosemere Aparecida Ferreira. Coator: Superior Tribunal de Justiça. Relator: Ministro Marco Aurélio. Voto do Ministro Luis Roberto Barroso. 09 de agosto de 2016. p. 33.

90. DWORKIN, Ronald. **O império do direito**. São Paulo: Martins Fontes, 2014. p. 258.

de princípios[91]. Outro ponto que aproxima o voto da Ministra ao postulado pela teoria de Dworkin – no sentido de que os princípios "dizem respeito à responsabilidade institucional, à interpretação das leis, à força persuasiva dos diferentes tipos de precedentes, à relação de todos esses fatores com as práticas morais contemporâneas"[92] – é o fato dela justificar à flexibilização do direito à vida fazendo referência a decisões e previsões legais.[93]

Quanto às contribuições do *Constitucionalismo Democrático* acerca da legitimidade dos Tribunais em oferecer respostas a questões políticas sensíveis ao discurso popular e que inspirem o debate público, elas parecem estar presentes na argumentação da Ministra Rosa Weber quando ela refere que

> Cumpre assinalar que uma decisão por parte deste Supremo Tribunal Federal não necessariamente dará a última palavra sobre a interpretação constitucional correta para a solução da descriminalização do aborto, mas antes iniciará o debate interinstitucional com os demais poderes, a fim de qualificá-lo publicamente, haja vista que o legislativo não avançou nesta agenda, de forma a bloquear a discussão pública.[94]

Ainda, a proposta da Ministra em apresentar seus argumentos a partir do Direito Comparado, mesmo reconhecendo seu papel não vinculativo, além de oferecer uma concepção transacional acerca da aceitabilidade dessa questão pelas comunidades contemporâneas, como postula a teoria de Nancy Fraser, harmoniza com os ensinamentos do Constitucionalismo Democrático e da teoria do *Direito como Integridade* no que concerne às concepções de justiça vinculadas a moralidade popular que guiam os juízes em suas respostas.[95]

---

91. DWORKIN, Ronald. **O império do direito**. São Paulo: Martins Fontes, 2014. p. 202.

92. DWORKIN, Ronald. **Levando os direitos a sério**. São Paulo WMF Martins Fontes, 2010. p. 65.

93. "Como deliberado e decidido nos casos da ADPF 54 e da ADI 3.510, entendeu pelo caráter não absoluto do direito à vida, afirmação esta que é referendada pela própria Constituição Federal, cujo artigo 5º, inciso XLVII, admite a pena de morte em caso de guerra declarada na forma do artigo 84, inciso XIX. Corrobora esse entendimento o fato de o Código Penal prever, como causa excludente de ilicitude ou antijuridicidade, o denominado aborto ético ou humanitário – quando o feto, mesmo sadio, seja resultado de estupro. Ao sopesar os direitos do nascituro e os direitos da mulher violentada, o legislador houve por bem priorizar estes em detrimento daquele – previsão legislativa que não teve constitucionalidade questionada". BRASIL. Supremo Tribunal Federal. **Habeas Corpus 124.306**. Pacientes: Edilson dos Santos e Rosemere Aparecida Ferreira. Coator: Superior Tribunal de Justiça. Relator: Ministro Marco Aurélio. Voto do Ministro Luis Roberto Barroso. 09 de agosto de 2016. p. 45-46.

94. BRASIL. Supremo Tribunal Federal. **Habeas Corpus 124.306**. Pacientes: Edilson dos Santos e Rosemere Aparecida Ferreira. Coator: Superior Tribunal de Justiça. Relator: Ministro Marco Aurélio. Voto do Ministro Luis Roberto Barroso. 09 de agosto de 2016. p. 34.

95. Essa relação com a moralidade popular, no entanto. não é ilimitada. Em Post e Siegel está na impossibilidade de que os tribunais determinem o significado da Constituição de forma incoerente com aquilo que já foi anteriormente definido por eles. POST, Robert; SIEGEL, Reva. Popular Constitutionalism, Departmentalism, and Judicial Supremacy. **Faculty Scholarship Series** – Yale Law School Faculty Scholarship. n. 178., p. 1027-1044, 2004. p. 1030. E em Dworkin na fidelidade ao texto constitucional e ao direito. DWORKIN, Ronald. **O direito da liberdade:** a leitura moral da Constituição norte-americana. São Paulo: Martins Fontes, 2006. p. 57.

Argumenta Weber no sentido de demonstrar que "no contexto atual normativo, a questão do aborto deve avançar na agenda interpretativa para colocar em pauta não apenas o direito à privacidade da mulher ou a perspectiva de saúde da mulher, por fatores médicos, mas colocar o aborto como uma questão do direito da mulher, na acepção reprodutiva e sexual, e do direito de liberdade, autonomia e igualdade, por conseguinte, de escolha, em face do direito à tutela do nascituro".[96] A experiência norte-americana – casos Roe *versus* Wade, Planned Parenthood of Southeastern Pa. *versus* Casey e Whole Woman's Health *versus* Hellerstedt – possibilita a apreensão do discurso fundado no direito à privacidade e saúde; contudo, as ações no âmbito da Corte Interamericana e da Corte Européia, mesmo não tendo analisado diretamente a questão relativa ao aborto, enfrentaram a necessidade de tutela dos direitos da mulher e a sua autonomia reprodutiva, atribuindo caráter não absoluto aos direitos do embrião e do feto.[97]

Finalmente a Ministra ilustra seu embasamento com dados empíricos sobre a questão de como o aborto é retratado pelas estatísticas, "a fim de trazer dados reais para o pensar da política pública estatal nesse tema, que, bem vistas as coisas, trata-se também de política pública sanitária"[98]. Ao apresentar esse argumento, a Ministra demonstra estar preocupada com o propósito de seu voto, conforme postula Dworkin em sua teoria. Todavia, também percebemos que ela em momento algum faz menção expressa à desconstrução de assimetrias sociais com fundamento no respeito às interseccionalidades.

O fato de a Ministra não explicitar questões subjetivas relacionadas a uma multiplicidade de perspectivas contextuais, gramática amplamente apoiada pelo movimento feminista, conduz ao entendimento de que, apesar de não engajado, seu argumento é pautado por um universalismo sensível à inclusão de múltiplas manifestações identitárias, pois, muito embora não mencione todos os possíveis afetados, possibilita que, diante de nova provocação, o Judiciário renove seu discurso de forma coerente com aquilo que expressou em seus argumentos, justamente em razão de seu embasamento principiológico.

Em nossa compreensão, a partir da imbricação da hermenêutica filosófica e da a teoria dworkiniana, proposta por Streck, princípios devem

---

96. BRASIL. Supremo Tribunal Federal. **Habeas Corpus 124.306**. Pacientes: Edilson dos Santos e Rosemere Aparecida Ferreira. Coator: Superior Tribunal de Justiça. Relator: Ministro Marco Aurélio. Voto do Ministro Luis Roberto Barroso. 09 de agosto de 2016. p. 39.
97. BRASIL. Supremo Tribunal Federal. **Habeas Corpus 124.306**. Pacientes: Edilson dos Santos e Rosemere Aparecida Ferreira. Coator: Superior Tribunal de Justiça. Relator: Ministro Marco Aurélio. Voto do Ministro Luis Roberto Barroso. 09 de agosto de 2016. p. 40.
98. BRASIL. Supremo Tribunal Federal. **Habeas Corpus 124.306**. Pacientes: Edilson dos Santos e Rosemere Aparecida Ferreira. Coator: Superior Tribunal de Justiça. Relator: Ministro Marco Aurélio. Voto do Ministro Luis Roberto Barroso. 09 de agosto de 2016. p. 43.

contemplar pautas normativas deontológicas que, ao se desvelarem na história institucional de uma comunidade – levantando-se, assim, as bandeiras dos movimentos sociais –, não apenas desconfigurem assimetrias, considerando as interseccionalidades, mas inspirem o Judiciário na busca por respostas democraticamente corretas. Diante do voto da Ministra Rosa Weber, esse não parece ser um ideal impraticável.

4.3 Contrapúblicos interpretativos

O escopo das seções antecedentes viabilizou esboçarmos o contexto em que se encontra inserido nosso conceito de contrapublicidade interpretativa e suas possíveis contribuições para o debate acerca do papel e dos limites da jurisdição constitucional, bem como nos possibilitou revisitar as teorias-base que o fundamentam. Buscaremos neste capítulo final, pois, inaugurar a ideia que se pretende construir com os argumentos presentes nesta pesquisa, reforçando ainda pontos centrais que facilitarão alcançar este objetivo.

Pensamos nos contrapúblicos interpretativos enquanto uma das inúmeras possíveis formas de enfrentamento da problemática da discricionariedade judicial; como uma dimensão dos princípios, espécie de normas que conduzem os julgadores a respostas corretas. Isso porque, sem negarmos os ensinamentos de Ronald Dworkin, postulamos a existência de um elemento moral no discurso – elemento também presente no pensamento dworkiniano – considerando, porém, que o critério de sua aplicação tem origem no diálogo entre os movimentos sociais e o Poder Judiciário, restringindo-se, por consequência, as margens para arbitrariedade. Essa é uma premissa construída a partir do diálogo entre o *Constitucionalismo Democrático-Paritário* e a teoria de Dworkin.

Em Dworkin, demonstramos essa dimensão moral que diferencia os princípios das regras[99]. Combatendo a atribuição de autoridade política daqueles, no que tange à obrigatoriedade e à correção das decisões judiciais, Dworkin advoga pelo caráter inevitavelmente engajado e normativo desses mandamentos. Com isso, a preocupação com as tradições morais da comunidade, de acordo com a razoabilidade e justiça, passa a ser requisito para que haja qualquer mudança interpretativa[100]. Como bem observado por Lenio Streck, dessa forma, os princípios não resolvem os casos, mas constituem a legitimidade das respostas e garantem que a decisão seja incorporada ao todo da História institucional do Direito[101].

---

99. DWORKIN, Ronald. **Levando os direitos a sério**. São Paulo WMF Martins Fontes, 2010. p. 36.
100. DWORKIN, Ronald. **Levando os direitos a sério**. São Paulo WMF Martins Fontes, 2010. p. 59.
101. STRECK, Lenio Luiz. **Verdade e consenso**: Constituição, hermenêutica e teorias discursivas. São Paulo: Saraiva, 2014. p. 569.

Então, em face do caráter argumentativo do Direito e a par da possível divergência entre os juristas acerca do sentido das normas jurídicas, Dworkin propõe um método interpretativo baseado em três etapas capaz de conferir à norma jurídica um sentido mais coerente com a prática jurídica[102]. Neste momento, cumpre aprofundarmos a fase pós-interpretativa, na qual é possibilitado ao juiz corrigir a resposta da fase interpretativa a partir da análise dos valores morais independentes e inerentes à prática do Direito[103]. Dworkin não estipula um critério específico para a limitação dessa interpretação, a não ser a questão da coerência e da integridade, o que, em nosso ponto de vista seria insuficiente quando se trata de renovações que busquem a diminuição de assimetrias sociais respeitando as interseccionalidades.

Refere-se que a proposta de Dworkin está fundada na busca de melhores concepções de conceitos, o que se daria pela melhor interpretação de uma prática social normativa real – o caso concreto – de acordo com um conjunto de práticas socialmente compartilhadas. Portanto, a interpretação plausível da prática seria aquela que a ela se ajusta e atenta para seu valor[104], em consonância com seu sentido essencial[105]. Tal construção, apesar de reconhecer a importância das questões substantivas na construção do argumento jurídico, aparenta basear-se em uma concepção ilusória de esfera pública oficial, na qual todos conseguem apresentar suas razões na busca do bem comum, o que, como vimos em Fraser, não é o que acontece.

Diante da necessidade de expressar seus valores em termos políticos, demonstrando o melhor princípio ou política a que serve[106], a partir de Dworkin não podemos falar em neutralidade do intérprete, mas sim em um comprometimento com determinada concepção de justiça advinda do valor de sua interpretação[107]. Esse é o ponto do *Direito como Integridade* no combate a arbitrariedades: compreender que o Estado como agente moral deve guiar-se segundo um conjunto único e coerente de princípios garante que o reconhecimento dos direitos juridicamente tutelados não se dê por um argumento estratégico/político[108].

Entendemos que a teoria de Dworkin nos oferece a possibilidade de inserção de um critério baseado no diálogo entre os atores políticos e o

---

102. DWORKIN, Ronald. **O império do direito**. São Paulo: Martins Fontes, 2014. p.81-82.

103. MELLO, Cláudio Ari Pinheiro de. Verdade Moral e Método Jurídico na Teoria Constitucional de Ronald Dworkin. In: STOCK, Alfredo Carlos; LISBOA, Wladimir Barreto (Orgs.). **Normatividade & argumentação**: ensaios de filosofia política e do direito. Porto Alegre: Linus, 2013, p. 303.

104. DWORKIN, Ronald. **Uma questão de princípio.** São Paulo: Martins Fontes, 2005. p. 239.

105. MACEDO JUNIOR, Ronaldo Porto. **Do xadrez à cortesia**: Dworkin e a teoria do direito contemporânea. São Paulo: Saraiva, 2013. p. 207.

106. DWORKIN, Ronald. **Uma questão de princípio.** São Paulo: Martins Fontes, 2005. p. 239.

107. MOTTA, Francisco Jose Borges. **Levando o direito a sério:** uma crítica hermenêutica ao protagonismo judicial. Porto Alegre: Livraria do Advogado, 2012. p. 102.

108. DWORKIN, Ronald. **O império do direito**. São Paulo: Martins Fontes, 2014. p. 202-203.

Judiciário como forma de combate ao ativismo judicial, vez que é justamente a aceitação dos princípios garantidores de direitos pela comunidade que legitima uma decisão judicial[109]. Mais especificamente, ainda na fase de justificação, diante da impossibilidade de prevalência de uma dentre todas as interpretações de um juiz, Dworkin insere um limite interpretativo inerente à moral política: a estrutura das instituições e as decisões da comunidade[110].

De outra senda, sem deixar de reconhecer o brilhantismo e os efeitos renovadores do pensamento jurídico oriundos da teoria dworkinianas, conforme formulada essa sistemática referida, parece-nos se tratar um critério demasiadamente abstrato para a garantia da democracia em uma sociedade plural.

Uma vez preocupados que o papel do Judiciário em desconstruir assimetrias pudesse travestir-se de reforço para uma atividade judicial discricionária, ainda que sem negar sua fundamentalidade, buscamos demonstrar o caráter positivo desse *topos* dialógico a partir das bases teóricas que sustentam o *Constitucionalismo Democrático-Paritário*, de Maria Eugenia Bunchaft. Alinhados a Post, Siegel e Greenhouse, sustentamos que, ao decidirem casos controversos, os tribunais acabam por resistir ou responder às reivindicações populares acerca do significado da Constituição, haja vista estar a autoridade da Constituição vinculada à sua legitimidade democrática[111].

Referida aposta, fundamentada na inseparabilidade entre Direito e Política, nos possibilita afirmar que, mesmo pela resistência, em razão de sua propriedade política acerca das questões julgadas, os cidadãos leigos podem aumentar a legitimidade democrática da Constituição com o movimento de *backlash*[112], premissa que não nega o papel desempenhado pelos tribunais na efetivação de direitos, mas garante que, para serem dotadas de legitimidade, as decisões judiciais necessitem de fundamentos fincados nos valores e ideais populares113. É importante mencionar que tais valores populares devem ser articulados a uma leitura moral deontológica da Constituição, que pressupõe não a moral majoritária, permeada por preconceitos e assimetrias, mas a moral crítica. Esta não se confunde com a voz das ruas, consubstanciada

109. DWORKIN, Ronald. **O império do direito**. São Paulo: Martins Fontes, 2014. p. 271-272.

110. DWORKIN, Ronald. **O império do direito**. São Paulo: Martins Fontes, 2014. p. 305-306.

111. BUNCHAFT, Maria Eugenia; LIMBERGER, Temis; MOREIRA, Eduardo. O casamento entre pessoas do mesmo sexo e a Suprema Corte norte-americana: Uma análise sobre o *backlash* à luz do debate entre Constitucionalismo Democrático e Minimalismo Judicial. **Revista do Mestrado em Direito da Universidade Católica de Brasília.** Brasília, v. 10, n. 1, p. 227- 257, 2016. p. 238.

112. POST, Robert; SIEGEL, Reva. Roe Rage: Democratic Constitutionalism and the *Backlash*. **Harvard Civil Rights** – Civil Liberties Law Review, p. 372-433, 2007. p. 375.

113. POST, Robert; SIEGEL, Reva. Roe Rage: Democratic Constitutionalism and the *Backlash*. **Harvard Civil Rights** – Civil Liberties Law Review, p. 372-433, 2007. p. 379.

em uma moral teleológica, mas reconstrói reflexivamente as práticas sociais vigentes assimétricas.

O comprometimento com valores populares advém do filtro reflexivo da moral crítica e não parece muito distante daquilo que observamos em Dworkin; contudo, se assumirmos, juntamente com Post e Siegel, que as questões controversas nos tribunais estão enraizadas na sociedade, passaremos a nos preocupar não somente com métodos de interpretação, mas também com os procedimentos que previnem a alienação constitucional, mantendo a solidariedade em uma comunidade normativamente heterogênea, a partir de um progressivo e contínuo processo dialógico entre o Judiciário e o povo[114].

Advogamos que a correta interpretação da Constituição consiste na potencialidade de seu significado corresponder às demandas populares[115], sendo então positivo o *backlash* oriundo das movimentações de minorias na busca da efetivação de direitos[116], não se assumindo serem irrestritos esses inflncos. Post e Siegel postulam que, necessariamente, respostas a questões controversas devem ser formuladas de forma coerente com o histórico institucional dos tribunais; no entanto, não encerram neles, tampouco lhes atribuem autoridade inquestionável para a determinação do significado constitucional[117]. Em suma, o Judiciário não deve proferir a última palavra.

Ao (re)conciliarmos, a partir de Post e Siegel, a atuação do povo no processo de delimitação do significado da Constituição e o exercício do Poder Judiciário na efetivação de normas constitucionais[118], buscamos afirmar a potencialidade da "atuação dinâmica dos movimentos sociais" em promover novas formas de compreensão constitucional, tendo em vista a própria linguagem aberta da Constituição"[119].

Esse argumento encontra reforço teórico nos ensinamentos de Balkin e Siegel, que suscitam a possibilidade de ressignificação dos princípios constitucionais ou das práticas sociais existentes por meio da aplicação dos princípios

---

114. POST, Robert; SIEGEL, Reva. Roe Rage: Democratic Constitutionalism and the *Backlash*. **Harvard Civil Rights** – Civil Liberties Law Review, p. 372-433, 2007. p. 380-381.

115. POST, Robert; SIEGEL, Reva. Roe Rage: Democratic Constitutionalism and the *Backlash*. **Harvard Civil Rights** – Civil Liberties Law Review, p. 372-433, 2007. p. 390.

116. GREENHOUSE, Linda; SIEGEL, Reva. *Backlash* to the Future? From Roe to Perry. **UCLA Law Review Discourse**, n. 60, p. 240-246, 2013. p. 245.

117. POST, Robert; SIEGEL, Reva. Popular Constitutionalism, Departmentalism, and Judicial Supremacy. **Faculty Scholarship Series** – Yale Law School Faculty Scholarship. n. 178., p. 1027-1044, 2004. p. 1030.

118. BUNCHAFT, Maria Eugenia; LIMBERGER, Temis; MOREIRA, Eduardo. O casamento entre pessoas do mesmo sexo e a Suprema Corte norte-americana: Uma análise sobre o *backlash* à luz do debate entre Constitucionalismo Democrático e Minimalismo Judicial. **Revista do Mestrado em Direito da Universidade Católica de Brasília.** Brasília, v. 10, n. 1, p. 227- 257, 2016. p. 246.

119. BUNCHAFT, Maria Eugenia. Minimalismo Judicial, Constitucionalismo Democrático: Uma reflexão sobre os direitos de minorias sexuais na jurisprudência da Suprema Corte Norte-americana. **Revista Novos Estudos Jurídicos.** Itajaí. Vol. 19, n. 1, p. 122 – 156, 2014. p. 151.

a uma prática social até então incontroversa[120]. Decorrem desse processo de atualização as disputas sobre quais valores os princípios supostamente deveria promover[121]. E, em face da multiplicidade de interpretações possíveis, oportuniza-se a alteração da prática comum, bem como o impulso para formulação de respostas legais alternativas a partir de pressões discursivas[122].

Nesse cenário se destaca a atuação dos movimentos sociais porque a mobilização política, ao promover uma leitura dos princípios já existentes a partir de ambientes normativos diferentes dos tradicionais, amplia o alcance dos princípios a novas prática sociais[123]. Assim, mesmo sem autoridade formal no sistema legal, ao exercerem influência na ordem social que dá suporte à lei e aos tribunais, os movimentos sociais podem modificar o significado das normas constitucionais e, consequentemente, alterar a legitimidade constitucional de determinadas práticas sociais[124].

De acordo com Siegel, essa renovação promovida pelos movimentos sociais seria restringida por dois critérios impostos pela própria cultura constitucional. Primeiramente pela "condição de consentimento" que impõe que a persuasão argumentativa referencie a Constituição, estabelecendo uma comunidade vinculada por convicção e não por coerção[125]; e segundo pela "condição de valor público", que exige que as reivindicações sejam fundamentadas com recurso a "entendimentos constitucionais mais antigos que a comunidade reconhece e compartilha"[126].

Esses critérios propostos por Siegel parecem bastante semelhantes aos sustentados por Dworkin na construção de respostas corretas em Direito. Se em Dworkin coerência e integridade vinculam o intérprete não só ao todo institucional, mas também a um elemento valorativo compartilhado pela comunidade, em Siegel também podemos afirmar que é a cultura constitucional que define os limites da atuação dos movimentos sociais na

---

120. BALKIN, Jack; SIEGEL, Reva. Principles, Practices, and Social Movements. **Faculty Scholarship Series** – Yale Law School Faculty Scholarship. n. 234, p. 927-950, 2006. p. 927-928.

121. "disputes arise about which values the principle is supposed to vindicate". In: BALKIN, Jack; SIEGEL, Reva. Principles, Practices, and Social Movements. **Faculty Scholarship Series** – Yale Law School Faculty Scholarship. n. 234, p. 927-950, 2006. p. 932.

122. BALKIN, Jack; SIEGEL, Reva. Principles, Practices, and Social Movements. **Faculty Scholarship Series** – Yale Law School Faculty Scholarship. n. 234, p. 927-950, 2006. p. 932-933.

123. BALKIN, Jack; SIEGEL, Reva. Principles, Practices, and Social Movements. **Faculty Scholarship Series** – Yale Law School Faculty Scholarship. n. 234, p. 927-950, 2006. p. 946.

124. BALKIN, Jack; SIEGEL, Reva. Principles, Practices, and Social Movements. **Faculty Scholarship Series** – Yale Law School Faculty Scholarship. n. 234, p. 927-950, 2006. p. 949.

125. SIEGEL, Reva. Constitutional culture, social movement conflict and constitutional change: the case of the de facto ERA – 2005-06 Brennan Center Symposium Lecture. **California Law Review**. v. 94, p. 1323-1419. p. 1352.

126. SIEGEL, Reva. Constitutional culture, social movement conflict and *constitutional* change: the case of the de facto ERA – 2005-06 Brennan Center Symposium Lecture. **California Law Review**. v. 94, p. 1323-1419. p. 1356.

busca por respostas capazes de acomodar a renovação da prática social e a correta aplicação dos princípios constitucionais. Contudo, em Siegel vemos explicitada a questão da reprodução e perpetuação de assimetrias diante de uma ordem constitucional excludente[127]. A autora, no entanto, não tematiza possíveis soluções para o rompimento dessas restrições de participação, com enfoque na efetiva desconstrução de assimetrias sociais, razão pela qual buscamos, partindo da teoria engajada de Nancy Fraser, complementar nosso conceito com um viés mais plural.

Segundo Fraser, a justiça requer composições sociais que proporcionem a igual participação de todos os cidadãos na vida social. Precisamos, para concretizá-la, desconstruir barreiras institucionalizadas impeditivas da paridade de participação entre os indivíduos[128] e, com esse enfoque, a autora desenvolve sua teoria tridimensional: questões de injustiça social não se encerram com a superação da má distribuição e da falta de reconhecimento, mas somente se levada em consideração a dimensão política, da representação, que sustenta essas outras formas de reivindicação[129] e onde são determinados os legitimados a pleitear mutuamente o acesso à justiça e especificados os requisitos a serem preenchidos tanto para reivindicar quanto para decidir soluções de controvérsias por aqueles incluídos na comunidade política[130].

Dessa forma, como bem menciona Maria Eugenia Bunchaft, a falta de representação é combatida pela democratização[131]. Ao conectar democracia e justiça, Fraser reivindica o engajamento dialógico[132] dos cidadãos no processo de decisão do *quem*, combatendo a incapacidade das arenas institucionais de promoverem a participação diante de procedimentos pouco democráticos[133]. Somente a concretização desse ideal de paridade de participação aferiria justificação aos arranjos sociais, bem como legitimaria democraticamente

---

127. SIEGEL, Reva. Constitutional culture, social movement conflict and *constitutional* change: the case of the de facto ERA – 2005-06 Brennan Center Symposium Lecture. **California Law Review**. v. 94, p. 1323-1419. p. 1356.

128. FRASER, Nancy. Reenquadrando a justiça em um mundo globalizado. **Lua Nova**, São Paulo, n. 77, p. 11-39, 2009. p. 17.

129. FRASER, Nancy. Reenquadrando a justiça em um mundo globalizado. **Lua Nova**, São Paulo, n. 77, p. 11-39, 2009. p. 19.

130. FRASER, Nancy. Reenquadrando a justiça em um mundo globalizado. **Lua Nova**, São Paulo, n. 77, p. 11-39, 2009. p. 20.

131. BUNCHAFT, Maria Eugenia. O julgamento da ADI nº 3239 no STF: uma reflexão à luz da teoria tridimensional de Nancy Fraser. In: STRECK, Lenio Luiz; ROCHA, Leonel Severo; ENGELMANN, Wilson (Orgs.). **Constituição, Sistemas Sociais e Hermenêutica:** anuário do Programa de Pós-Graduação em Direito da Unisinos – Mestrado e Doutorado. Porto Alegre: Livraria do Advogado, 2018, n. 14. No prelo.

132. FRASER, Nancy. Reenquadrando a justiça em um mundo globalizado. **Lua Nova**, São Paulo, n. 77, p. 11-39, 2009. p. 34.

133. FRASER, Nancy. Reenquadrando a justiça em um mundo globalizado. **Lua Nova**, São Paulo, n. 77, p. 11-39, 2009. p. 34.

as normas[134]. Contudo, a esfera pública oficial oferece pouco espaço para deliberação por parte dos grupos subordinados, violando paridade participativa. Como resposta, esses grupos constroem públicos alternativos, denominados por Fraser de contrapúblicos subalternos, nos quais circulam contradiscursos, que permitem simultaneamente a formulação interpretações de oposição acerca de suas identidades, interesses e necessidades, expandindo o espaço discursivo[135].

Essa identificação das necessidades inspira os afetados a romperem com os mecanismos que perpetuam injustiças. Acreditamos, a partir de Fraser, que os atores sociais ao articularem contradiscursos tornam-se imprescindíveis à formação democrática do debate público imbuído na mudança efetiva das estruturas de opressão[136], pois envolvem a criação de novos vocabulários imbuídos na conscientização e desconstrução de injustiças previamente desconsideradas. A ausência de expressividade pode ser desconstruída a partir da contrapublicidade subalterna, que viabiliza novas interpretações de necessidades até então não tematizadas na esfera pública oficial[137].

Esse movimento de pressão discursiva exercida pelos contrapúblicos subalternos, conforme apresentado por Fraser, é semelhante e fundamenta aquilo que postulamos a partir dos ensinamentos do *Constitucionalismo Democrático*, ou seja, o potencial positivo do diálogo com os movimentos sociais em oferecer novas interpretações de práticas sociais no âmbito do Poder Judiciário que viabilizam a desconstrução de assimetrias sociais com base na multiplicidade identitária e no respeito à interseccionalidade.

Em suma, o compromisso político com a democracia almejado pela contrapublicidade interpretativa se consubstancia na garantia da desconstrução de discursos de subalternização de minorias vulneráveis, que corroboram para a subordinação de status e violação à paridade participativa daqueles que não conseguem reivindicar seus direitos na esfera pública oficial, deixando de ser considerados como pessoas morais, livres e iguais, ou como sujeitos contextualizados e diferenciados, segundo recortes interseccionais[138].

---

134. FRASER, Nancy. Reenquadrando a justiça em um mundo globalizado. **Lua Nova**, São Paulo, n. 77, p. 11-39, 2009. p. 37.

135. FRASER, Nancy. Repensar el âmbito público: uma contribución a la crítica de la democracia realmente existente. **Debate Feminista**, Cidade do México, vol. 7, p. 23-58, 1993. p. 40-41.

136. BUNCHAFT, Maria Eugênia. **Ativismo judicial e grupos estigmatizados**: filosofia constitucional do reconhecimento. 2. ed. Curitiba: Juruá, 2016. p. 88-92.

137. BUNCHAFT, Maria Eugenia. O julgamento da ADI nº 3239 no STF: uma reflexão à luz da teoria tridimensional de Nancy Fraser. In: STRECK, Lenio Luiz; ROCHA, Leonel Severo; ENGELMANN, Wilson (Orgs.). **Constituição, Sistemas Sociais e Hermenêutica:** anuário do Programa de Pós-Graduação em Direito da Unisinos – Mestrado e Doutorado. Porto Alegre: Livraria do Advogado, 2018, n. 14. No prelo.

138. BUNCHAFT, Maria Eugenia. O julgamento da ADI nº 3239 no STF: uma reflexão à luz da teoria tridimensional de Nancy Fraser. In: STRECK, Lenio Luiz; ROCHA, Leonel Severo; ENGELMANN, Wilson

Acreditamos que este comprometimento político não está em desacordo com a busca de um Direito íntegro e coerente capaz de oferecer respostas em consonância com o estipulado pela Constituição. Dworkin não nega a face política do Direito, oferecendo-nos, ao compreender o Direito como um empreendimento interpretativo, um método de interpretação capaz de nos dar segurança de que as regras do jogo serão seguidas segundo valores compartilhados. Não negamos sua teoria, apenas propomos, a fim de diminuir injustiças, um critério dialógico fundado em uma moral deontológica.

Nosso conceito é filiado à Crítica Hermenêutica do Direito ao conceber uma decisão como correta no momento em que ela, respeitando a autonomia do Direito, busca evitar a discricionariedade, respeitando a coerência e a integridade do ordenamento jurídico por meio de detalhada fundamentação em argumentos de princípio[139]. Quanto à questão da autonomia do Direito, pensamos que da forma como se estrutura, o conceito de contrapúblicos interpretativos não coloca em xeque essa autonomia, uma vez que não se submete e, muito pelo contrário, evita o emprego de uma correção moral teleológica, salvaguardando os argumentos jurídicos de sucumbirem à vontade dos aplicadores.

Finalmente, na pior das hipóteses, como vimos a partir do voto da Ministra Rosa Weber, ainda que não explicitada uma categorização que leve em conta as questões interseccionais, a contrapublicidade interpretativa é capaz de conduzir o emprego de argumentos universalistas sensíveis à inclusão de múltiplas manifestações identitárias, pois a aplicação de princípios garante um ponto de partida para a construção dos discursos que vinculem o intérprete, permitindo-nos uma atualização que abarque mais categorias em face de novos arranjos culturais, mas que jamais poderá ser desconsiderada ou restringida.

A garantia de um mínimo interpretativo a partir da compreensão do *Direito como Integridade* representa uma blindagem contra violações de direitos em nome de jogos políticos ao mesmo tempo que, com Fraser e o Constitucionalismo Democrático, admite a necessidade de atualização democrática desses valores com base na provocação dos movimentos sociais uma vez considerados porta-vozes daqueles que se tornam socialmente invisíveis dadas as deficiências estruturais da esfera pública.

(Orgs.). **Constituição, Sistemas Sociais e Hermenêutica:** anuário do Programa de Pós-Graduação em Direito da Unisinos – Mestrado e Doutorado. Porto Alegre: Livraria do Advogado, 2018, n. 14. No prelo.

139. STRECK, Lenio Luiz. **Verdade e consenso**: Constituição, hermenêutica e teorias discursivas. São Paulo: Saraiva, 2014. p. 624.

REFERÊNCIAS

ALBUQUERQUE, Mariana Imbelloni Braga. Violências Interseccionais silenciadas em Medidas Protetivas de Urgência. **Revista Direito e Práxis,** Rio de Janeiro, v. 7, n. 12, p.715-740, 2016.

BALKIN, Jack. How social movements change (or fail to change) the Constitution: the case od the New Departure. In: **Faculty Scholarship Series** - Yale Law School Faculty Scolarship. n. 235, p. 27-65, 2005.

BALKIN, Jack; SIEGEL, Reva. Principles, Practices, and Social Movements. In: **Faculty Scholarship Series** - Yale Law School Faculty Scolarship. n. 234, p. 927-950, 2006.

BIROLI, Flávia. **Gênero e desigualdades:** limites da democracia no Brasil. São Paulo: Boitempo, 2018.

BRASIL. Brasil. Ministério da Saúde. Secretaria de Ciência, Tecnologia e Insumos Estratégicos. Departamento de Ciência e Tecnologia. **20 anos de pesquisas sobre aborto no Brasil**. Brasília: Ministério da Saúde, 2009.

BRASIL. Ministério da Saúde. Secretaria da Atenção à Saúde. Departamento de Ações Programáticas Estratégicas. Área Técnica de Saúde da Mulher. **Magnitude do aborto no Brasil**: aspectos epidemiológicos e socioculturais. Brasília: Ministério da Saúde, 2008.

BRASIL. Supremo Tribunal Federal. **Habeas Corpus 124.306**. Pacientes: Edilson dos Santos e Rosemere Aparecida Ferreira. Coator: Superior Tribunal de Justiça. Relator: Ministro Marco Aurélio. 09 de agosto de 2016.

BUNCHAFT, Maria Eugenia. **Ativismo judicial e grupos estigmatizados:** filosofia constitucional do reconhecimento. 2 ed. Curitiba: Juruá, 2016.

BUNCHAFT, Maria Eugenia. **Judicialização, Deliberação e Minorias LGBT: uma reflexão sobre os contextos brasileiro e norte-americano.** Relatório Técnico relativo ao Processo n. 2345-2551/14-4. Porto Alegre: FAPERGS, 2017.

BUNCHAFT, Maria Eugenia. Minimalismo Judicial, Constitucionalismo Democrático: Uma reflexão sobre os direitos de minorias sexuais na jurisprudência da Suprema Corte Norte-americana. In: **Revista Novos Estudos Jurídicos.** Itajaí. Vol. 19, n. 1, p. 122 - 156, 2014.

BUNCHAFT, Maria Eugenia. O "Direito dos banheiros" no STF: Considerações sobre o voto do ministro Luís Roberto Barroso no RE n. 845779 com fundamento em Post, Siegel e Fraser. In: **Constituição, Economia e Desenvolvimento:** Revista da Academia Brasileira de Direito Constitucional. Curitiba, vol. 8, n. 14, 2016.

BUNCHAFT, Maria Eugenia. O julgamento da ADI nº 3239 no STF: uma reflexão à luz da teoria tridimensional de Nancy Fraser. In: STRECK, Lenio Luiz; ROCHA, Leonel Severo; ENGELMANN, Wilson (Orgs.). **Constituição, Sistemas Sociais e Hermenêutica:** anuário do Programa de Pós-Graduação em Direito da Unisinos - Mestrado e Doutorado. Porto Alegre: Livraria do Advogado, 2018, n. 14. No prelo.

BUNCHAFT, Maria Eugenia. O julgamento da ADPF n. 54: uma reflexão à luz de Ronald Dworkin. In: **Sequência:** Estudos Jurídicos e Políticos, Florianópolis, dez. 2012. p. 155-188. Disponível em: Disponível em: https://periodicos.ufsc.br/index.php/sequencia/article/view/26397. Acesso em: 04 dez. 2017.

BUNCHAFT, Maria Eugenia. Transexualidade e o "direito dos banheiros" no STF: um a reflexão à luz de Post, Siegel e Fraser. In: **Revista Brasileira de políticas públicas.** Brasília. v. 6, n. 3, p. 222-243, 2016.

BUNCHAFT, Maria Eugenia; LIMBERGER, Temis; MOREIRA, Eduardo. O casamento entre pessoas do mesmo sexo e a Suprema Corte norte-americana: Uma análise sobre o backlash à luz do debate entre Constitucionalismo Democrático e Minimalismo Judicial. In: **Revista do Mestrado em Direito da Universidade Católica de Brasília.** Brasília, v. 10, n. 1, p. 227- 257, 2016.

BUNCHAFT, Maria Eugenia. **Constitucionalismo Democrático, Deliberação e backlash: uma reflexão sobre os direitos de Minorias LGBT nos contextos brasileiro e norte-americano.** Relatório Técnico. Porto Alegre: CNPQ, 2019. No prelo.

CAMARGO, Margarida Maria Lacombe. As audiências públicas no Supremo Tribunal Federal brasileiro: o exemplo da ADPF 54. **Anais do XXI Encontro Nacional do CONPEDI.** 1 ed. p. 8998-9014, Florianópolis: Fundação Boiteux, 2012.

CATTONI DE OLIVEIRA, Marcelo Andrade. Ronald Dworkin: de que maneira o direito se assemelha a literatura? In: TRINDADE, André Karam; GUBERT, Roberta Magalhães; COPETTI NETO, Alfredo.(Org.) **Direito e literatura:** ensaios críticos. Porto Alegre: Livraria do Advogado, 2008.

DINIZ, Debora; MEDEIROS, Marcelo. Itinerários e métodos do aborto ilegal em cinco capitais brasileiras. **Ciênc. saúde coletiva**, Rio de Janeiro, v. 17, n. 7, p. 1671-1681, 2012.

DINIZ, Debora; MEDEIROS, Marcelo; MADEIRO, Alberto. Pesquisa Nacional de Aborto 2016. **Ciênc. saúde coletiva**, Rio de Janeiro, v. 22, n. 2, p. 653-660, 2017.

DWORKIN, Ronald. **A justiça de toga.** São Paulo: WMF Martins Fontes, 2010.

DWORKIN, Ronald. **A raposa e o porco-espinho:** justiça e valor. São Paulo: WMF Martins Fontes, 2014. p. 153.

DWORKIN, Ronald. **Domínio da vida:** aborto, eutanásia e liberdades individuais. São Paulo: Martins Fontes, 2009.

DWORKIN, Ronald. **Feminism and abortion**. In: The New York Review of books. Jun/1993. Disponível em: http://www.nybooks.com/articles/1993/06/10/feminism-and-abortion/. Acesso em: 03 dez de 2017.

DWORKIN, Ronald. **Levando os direitos a sério.** São Paulo WMF Martins Fontes, 2010.

DWORKIN, Ronald. **O direito da liberdade:** a leitura moral da Constituição norte-americana**.** São Paulo: Martins Fontes, 2006.

DWORKIN, Ronald. **O império do direito**. São Paulo: Martins Fontes, 2014.

DWORKIN, Ronald. **Uma questão de princípio.** São Paulo: Martins Fontes, 2005.

FRASER, Nancy. Contra o "simbolicismo": usos e abusos do "lacanismo" para políticas feministas. **Lacuna: uma revista de psicanálise**. São Paulo, n. 4, 2017.

FRASER, Nancy. La justicia social em la era de la política de la identidade: Redistribución, reconocimiento y participación. In: FRASER, Nancy; HONNETH, Axel. **¿Redistribución o reconocimiento?** Un debate político-filosófico. Madrid: Ediciones Morata S. L., 2006.

FRASER, Nancy. O feminismo, o capitalismo e a astúcia da história. In: **Mediações**, Londrina, v. 14, n. 2, p. 11-33, 2009. p. 13-14.

FRASER, NANCY. Por trás do laboratório secreto de Marx: por uma concepção expandida do capitalismo. In: **Direito e Práxis**, Rio de Janeiro, v. 6, n. 10, p. 704-728, 2015.

FRASER, Nancy. Reenquadrando a justiça em um mundo globalizado. In: **Lua Nova**, São Paulo, n. 77, p. 11-39, 2009. p. 21-22.

FRASER, Nancy. Repensar el ámbito público: uma contribución a la crítica de la democracia realmente existente. In: **Debate Feminista**, Cidade do México, vol. 7, p. 23-58, 1993. p. 33.

GREENHOUSE, Linda; SIEGEL, Reva. Backlash to the Future? From Roe to Perry. In: **UCLA Law Review Discourse**, n. 60, p. 240-246, 2013.

GREENHOUSE, Linda; SIEGEL, Reva. Before (and after) Roe v. Wade: new questions about backlash. In: **The Yale Law Journal**,n. 120, p. 2028-2087, 2011

GREENHOUSE, Linda; SIEGEL, Reva. **Before Roe v. Wade:** voices that shaped the abortion debate before the Supreme Court´s ruling. 2 ed. New Haven: Yale Law School, 2012.

GUEST, Stephen. **Ronald Dworkin.** Rio de Janeiro: Elsevier, 2010.

HÄBERLE, Peter. **Hermenêutica constitucional**: A sociedade aberta dos intérpretes da constituição: contribuição para a interpretação pluralista e procedimental da constituição. Porto Alegre: Sergio Antonio Fabris, 2002.

HART, H. L. A. **O conceito de direito**. São Paulo: WMF Martins Fontes, 2009.

MACEDO JUNIOR, Ronaldo Porto. Como levar Ronald Dworkin a sério ou como fotografar um porco-espinho em movimento. in: GUEST, Stephen. **Ronald Dworkin.** Rio de Janeiro: Elsevier, 2010.

MACEDO JUNIOR, Ronaldo Porto. **Do xadrez à cortesia**: Dworkin e a teoria do direito contemporânea. São Paulo: Saraiva, 2013.

MACHADO, Lia Zanotta. Feminismos brasileiros nas relações com o Estado. Contextos e incertezas. **In: Cad. Pagu**, Campinas, n. 47, e16471, 2016.

MACHADO, Lia Zanotta. O aborto como direito e o aborto como crime: o retrocesso neoconservador. **Cad. Pagu**, Campinas, n. 50, e17504, 2017.

MELLO, Cláudio Ari Pinheiro de. Verdade Moral e Método Jurídico na Teoria Constitucional de Ronald Dworkin. In: STOCK, Alfredo Carlos; LISBOA, Wladimir Barreto (Orgs.). **Normatividade & argumentação**: ensaios de filosofia política e do direito. Porto Alegre: Linus, 2013.

MIGUEL, Luis Felipe; BIROLI, Flávia; MARIANO, Rayani. O direito ao aborto no debate legislativo brasileiro: a ofensiva conservadora na Câmara dos Deputados. **Opinião Pública**, Campinas, vol. 23, n. 1, p. 230-260, jan-abr, 2017.

MOTTA, Francisco Jose Borges. Dworkin e a decisão jurídica democrática: a leitura moral da Constituição e o Novo Código de Processo Civil. In: OMMATI, José Emílio Medauar. **Ronald Dworkin e o direito brasileiro.** Rio de Janeiro: Lumen Juris, 2016.

MOTTA, Francisco Jose Borges. **Levando o direito a sério:** uma crítica hermenêutica ao protagonismo judicial. Porto Alegre: Livraria do Advogado, 2012.

MOTTA, Francisco Jose Borges. **Ronald Dworkin e a Decisão Jurídica.** Savador: Juspodivm, 2017.

POST, Robert; SIEGEL, Reva. Democratic Constitucionalism. In: BALKIN, Jack; SIEGEL, Reva. **The Constitution in 2020**. p. 25-34. Oxford, Inglaterra: Oxford University Press, 2009.

POST, Robert; SIEGEL, Reva. Popular Constitutionalism, Departmentalism, and Judicial Supremacy. In: **Faculty Scholarship Series** – Yale Law School Faculty Scolarship. n. 178., p. 1027-1044, 2004.

POST, Robert; SIEGEL, Reva. Roe Rage: Democratic Constitutionalism and the Backlash. In: **Harvard Civil Rights** – Civil Liberties Law Review, p. 372-433, 2007.

RIBEIRO, Rodrigo M. S. **Avaliando as razões da primeira turma do STF no HC 124.306 pela descriminalização do aborto no primeiro trimestre da gravidez.** 2018. Manuscrito não publicado.

SCAVONE, Lucila. Políticas feministas do aborto. **Rev. Estud. Fem.**, Florianópolis, v. 16, n. 2, p. 675-680, 2008.

SHAPIRO, Scott J. **The Hart-Dworkin debate**: A shor guide for the perplexed. University of Michigan Public Law, Workin Paper n. 7, fev 2007. Disponível em: <http://ssrn.com/abstract=968657>. Acesso em 27 ago 2017.

SIEGEL, Reva. Constitutional culture, social movement conflict and contitutional change: the case of the de facto ERA – 2005-06 Brennan Center Symposium Lecture. In: **California Law Review**. v. 94, p. 1323-1419.

STRECK, Lenio Luiz. **Verdade e consenso***:* Constituição, hermenêutica e teorias discursivas. São Paulo: Saraiva, 2014.

STRECK, Lenio. **Hermenêutica Jurídica e(m) crise***:* uma exploração hermenêutica da construçao do Direito. Porto Alegre: Livraria do Advogado Editora, 2014.

STRECK, Lenio. **Lições de crítica hermenêutica do direito.** Porto Alegre: Livraria do Advogado, 2014.

STRECK, Lenio. O (pós-)positivismo e os propalados modelos de juiz (Hércules, Júpiter e Hermes) – Dois decálogos necessários. In: **Revista de Direitos e Grantias Fundamentais**, Virória, n. 7. 2010.

STRECK, Lenio. **Sobre ponderações e katchangas:** o senso comum venceu?. Livro carta. São Leopoldo: edição do autor, 2017

TASSINARI, Clarissa. **Jurisdição e ativismo judicial:** limites da atuação do poder judiciário. Porto Alegre: Livraria do Advogado, 2013.